传承红色基因系列

主　编

辛向阳

执行主编

陈志刚

编委会

辛向阳　李正华　樊建新　杨明伟

龚　云　林建华　陈志刚　杨凤城　李佑新

永远的榜样
雷锋

LEI FENG

刘珺 刘海飞 © 著

人民日报出版社
北京

图书在版编目（CIP）数据

永远的榜样：雷锋 / 刘珺，刘海飞著 . -- 北京：人民日报出版社，2025.5
ISBN 978-7-5115-8230-0
Ⅰ .①永… Ⅱ .①刘… ②刘… Ⅲ .①雷锋（1940-1962）—生平事迹 Ⅳ .① K825.2
中国国家版本馆 CIP 数据核字（2024）第 039739 号

书　　　名：	永远的榜样：雷锋 YONGYUAN DE BANGYANG：LEI FENG
作　　　者：	刘　珺　刘海飞
责任编辑：	周海燕　孙　祺
装帧设计：	元泰书装
出版发行：	人民日报出版社
社　　　址：	北京金台西路 2 号
邮政编码：	100733
发行热线：	（010）65369509　65369512　65363531　65363528
邮购热线：	（010）65369530　65363527
编辑热线：	（010）65369518
网　　　址：	www.peopledailypress.com
经　　　销：	新华书店
印　　　刷：	大厂回族自治县彩虹印刷有限公司
法律顾问：	北京科宇律师事务所　（010）83622312
开　　　本：	710mm×1000mm　1/16
字　　　数：	160 千字
印　　　张：	13.75
版　　　次：	2025 年 5 月第 1 版
印　　　次：	2025 年 5 月第 1 次印刷
书　　　号：	ISBN 978-7-5115-8230-0
定　　　价：	58.00 元

如有印装质量问题，请与本社调换，电话（010）65369463

总　序

传承红色基因　赓续伟大精神

人无精神则不立，国无精神则不强。习近平总书记在党史学习教育动员大会上指出："在一百年的非凡奋斗历程中，一代又一代中国共产党人顽强拼搏、不懈奋斗，涌现了一大批视死如归的革命烈士、一大批顽强奋斗的英雄人物、一大批忘我奉献的先进模范，形成了井冈山精神、长征精神、遵义会议精神、延安精神、西柏坡精神、红岩精神、抗美援朝精神、'两弹一星'精神、特区精神、抗洪精神、抗震救灾精神、抗疫精神等伟大精神，构筑起了中国共产党人的精神谱系。"[1]在庆祝中国共产党成立100周年大会上，习近平总书记进一步指出："一百年前，中国共产党的先驱们创建了中国共产党，形成了坚持真理、坚守理想，践行初心、担当使命，不怕牺牲、英勇斗

---

[1] 习近平：《在党史学习教育动员大会上的讲话》，《求是》2021年第7期。

争，对党忠诚、不负人民的伟大建党精神，这是中国共产党的精神之源。"[①]革命理想高于天。以伟大建党精神为源头的中国共产党人的精神谱系，是我们党和国家红色基因的重要组成部分，已经深深融入中华民族的血脉和灵魂，成为鼓舞和激励中国人民不断艰苦奋斗、攻坚克难、从胜利走向胜利的强大精神动力。

中国共产党的党旗是红色的，中华人民共和国的国旗是红色的——红色是中国共产党和中华人民共和国最鲜亮的底色。红色基因是我们党的血脉和灵魂，是我们党的宝贵财富和精神力量。在革命战争年代，中国共产党人随时面临生死考验。第一次国共合作失败后，中华大地被白色恐怖笼罩，革命者血流成河，但是他们没有被腥风血雨吓倒。夏明翰身陷牢狱坚贞不屈，在给妻子的家书中发出"坚持革命继吾志，誓将真理传人寰"的豪迈誓言。1936年，共产党员赵一曼在与日军作战中负伤被俘，面对敌人的严刑拷打，她宁死不屈，从容就义，年仅31岁。在抗美援朝战争中，时任志愿军某部连长的杨根思，坚守阵地，在危急关头，抱起仅有的一包炸药，拉燃导火索，纵身冲向敌群，与敌人同归于尽，生命定格在28岁……

回顾历史，100多年来，我们党始终把为中国人民谋幸福、为中华民族谋复兴作为自己的初心使命，始终坚持共产主义理想和社会主义

[①] 习近平：《在庆祝中国共产党成立100周年大会上的讲话》，《人民日报》2021年7月2日第2版。

信念，遭遇无数艰难险阻，经历无数生死考验，付出无数惨烈牺牲，以"为有牺牲多壮志，敢教日月换新天"的大无畏气概，团结带领全国各族人民为争取民族独立、人民解放和实现国家富强、人民幸福而不懈奋斗，书写了中华民族几千年历史上最恢宏的史诗，创造了人类发展史上的伟大奇迹。习近平总书记强调："要深刻认识红色政权来之不易，新中国来之不易，中国特色社会主义来之不易。"

把红色基因传承好，确保红色江山永不变色，是我们的历史责任和光荣使命。党的二十大的主题是："高举中国特色社会主义伟大旗帜，全面贯彻新时代中国特色社会主义思想，弘扬伟大建党精神，自信自强、守正创新，踔厉奋发、勇毅前行，为全面建设社会主义现代化国家、全面推进中华民族伟大复兴而团结奋斗。"党的二十大闭幕后不到一周，习近平总书记带领新当选的二十届中共中央政治局常委瞻仰延安革命纪念地，庄严宣示新一届中央领导集体赓续红色血脉、传承奋斗精神，在新的赶考之路上向历史和人民交出新的优异答卷的坚定信念。新时代新征程，我们要牢记"三个务必"，牢记红色政权是从哪里来的、新中国是怎么建立起来的、新时代伟大变革的成就是如何取得的，坚定道路自信、理论自信、制度自信、文化自信，坚定历史自信，增强历史主动，谱写新时代中国特色社会主义更加绚丽的华章。

"传承红色基因"系列图书，坚持以习近平新时代中国特色社会主义思想为指导，旨在从党的百年伟大奋斗历程中汲取继续前进的智慧和力量，讲好红色故事、传承红色基因、赓续红色血脉，坚定理想信念，为全面建设社会主义现代化国家、全面推进中华民族伟大复兴凝聚强大精神力量。

是为序。

辛向阳

2023年11月29日

雷锋是时代的楷模，雷锋精神是永恒的。实现中华民族伟大复兴，需要更多时代楷模。我们既要学习雷锋的精神，也要学习雷锋的做法，把崇高理想信念和道德品质追求转化为具体行动，体现在平凡的工作生活中，作出自己应有的贡献，把雷锋精神代代传承下去。

前　言

　　新民主主义革命时期，刘胡兰、董存瑞等一大批英雄儿女激励着中国人民为夺取中国革命胜利而贡献自己的力量。社会主义革命和建设时期，雷锋、王进喜等榜样人物的事迹成为激励人们献身新中国建设的强大精神力量。这些英雄人物身上的精神植根中国大地，反映人民意愿，激励众人前行。雷锋是一块砖，哪里需要哪里搬，他的一生时刻响应党、祖国和人民的召唤。在短短22年的生命里，他先后当过记工员、通讯员、拖拉机手、推土机手、汽车兵等，主要工作过的地方有安庆乡、望城县、鞍钢化工总厂、弓长岭、营口、抚顺。不论做什么工作、走到什么地方，他总能做出成绩，闪耀发光，就像《学习雷锋好榜样》这首为歌颂雷锋、弘扬雷锋精神而创作的歌曲写得一样。在新时代传承和弘扬雷锋精神，既可以加深时代记忆，又可以增强精神认同，还可以凝结成为中国文化软实力的有机组成部分。

　　2018年9月28日，习近平总书记在抚顺雷锋纪念馆参观时指出，雷锋是时代的楷模，雷锋精神是永恒的。2021年，雷锋精神被第一批纳入中国共产党人精神谱系，这有效激励党员干部传承雷锋精神、赓续红色血脉。

对雷锋精神的研究一直在延续着。截至2021年7月，以"雷锋精神"为主题搜索CNKI中国知网，共搜到10361条数据。关于雷锋精神的研究成果以期刊为主，报纸为辅；研究内容重要集中在雷锋精神的内容含义、时代价值和实践路径三个方面。近10年来，研究成果较为丰富。其中，2012年、2013年的研究成果最多，呼应中共中央办公厅2012年印发的《关于深入开展学雷锋活动的意见》和2013年纪念开展向雷锋同志学习活动50周年。

党的十八大以来，习近平总书记点赞过多位时代楷模，罗阳、兰辉、郭明义、邹碧华、李保国、廖俊波、黄大年、王继才……这些时代楷模，也大多受过雷锋精神的影响。时光荏苒，雷锋精神正激励更多的人为共同的事业不懈奋斗。正所谓"人无精神则不立，国无精神则不强"，精神是一个民族赖以长久生存的灵魂，唯有精神上达到一定的高度，这个民族才能在历史的洪流中屹立不倒、奋勇向前。本书立足新时代，结合现有研究成果，从缘起与发展、含义与体现、契合与传承、新时代意义、困境与破局、践行与弘扬等方面再谈雷锋精神，坚持学理性和通俗性相结合，"不忘本来、吸收外来、面向未来"地传承和弘扬雷锋精神，希望能更好构筑中国精神、中国价值、中国力量，为人民提供精神指引。

目 录

第一章 雷锋的成长经历与雷锋精神

第一节 雷锋成长的背景与经历 …………………………… 003
  一、新民主主义革命时期的雷锋 …………………………… 003
  二、社会主义革命和建设时期的雷锋 ……………………… 004

第二节 雷锋精神的初步兴起 ……………………………… 009
  一、雷锋精神宣传报道的悄然兴起 ………………………… 009
  二、雷锋精神宣传报道的沉寂 ……………………………… 013

第三节 雷锋精神面临市场经济的挑战 …………………… 015
  一、改革开放后市场经济条件下的雷锋精神 ……………… 016
  二、进入21世纪的雷锋精神 ………………………………… 017

第四节　雷锋精神价值被重新认识 ·· 019
　　一、雷锋精神与社会主义核心价值观相吻合 ························· 019
　　二、中国特色社会主义新时代的雷锋精神 ···························· 022

第二章　雷锋精神的含义与体现

第一节　憎爱分明的阶级立场 ·· 029
　　一、立场坚定的斗争精神 ·· 029
　　二、人民至上的服务精神 ·· 031
第二节　言行一致的革命精神 ·· 033
　　一、刻苦钻研的钉子精神 ·· 033
　　二、勤勉敬业的螺丝钉精神 ··· 035
第三节　公而忘私的共产主义风格 ·· 037
　　一、顾全大局的集体主义精神 ·· 037
　　二、积极负责的主人翁精神 ··· 038
第四节　奋不顾身的无产阶级斗志 ·· 040
　　一、一往无前的牺牲精神 ·· 040
　　二、忘我奉献的"老黄牛"精神 ·· 041

第三章 雷锋精神的契合与传承

第一节 雷锋精神闪耀马克思主义理论光芒 ····································· 045
　一、彰显人民属性 ·· 047
　二、具有实践特性 ·· 053
　三、体现中国共产党人的宗旨、信念与伟大情操 ···················· 057

第二节 雷锋精神传承中华优秀传统文化 ·· 061
　一、雷锋精神与爱国 ·· 062
　二、雷锋精神与仁爱 ·· 063
　三、雷锋精神与自省 ·· 065
　四、雷锋精神与好学 ·· 066
　五、雷锋精神与勤俭 ·· 069

第三节 雷锋精神传承弘扬了革命文化和社会主义先进文化 ············ 072
　一、雷锋精神传承弘扬了革命文化 ···································· 072
　二、雷锋精神传承弘扬了社会主义先进文化 ························ 073

第四章 雷锋精神的新时代意义

第一节 雷锋精神的历史地位 ·· 079
　一、传承中华优秀传统文化和革命文化 ······························ 080

二、体现全心全意为人民服务的宗旨 ················· 081
　　三、引导社会主义新风尚 ···························· 082
　　四、符合思想政治教育的要求 ························ 083
第二节　雷锋精神的时代价值 ···························· 086
　　一、对推动社会主义市场经济发展具有促进作用 ········ 086
　　二、对青年成长具有激励作用 ························ 091
　　三、对培育"四有"新时代革命军人具有重要作用 ······ 094
　　四、对提高党员党性修养具有指导作用 ················ 098

第五章　雷锋精神的困境与破局

第一节　雷锋精神面临挑战 ······························ 105
　　一、对雷锋精神存在认知混乱现象 ···················· 105
　　二、学雷锋活动存在情感弱化问题 ···················· 107
第二节　如何走出现存困境 ······························ 108
　　一、完善保障精神传承的机制建构 ···················· 108
　　二、营造利于精神传承的社会环境 ···················· 110
　　三、创新适应时代发展的传播方式 ···················· 111
　　四、注重全方位全程全员延续精神 ···················· 112

第六章　新时代雷锋精神的践行与弘扬

第一节　宣传雷锋精神应与时俱进 ································ 117
  一、宣传雷锋精神与时俱进的价值意蕴 ······················ 117
  二、雷锋精神宣传与时俱进的实现路径 ······················ 120

第二节　在建设新的伟大工程中弘扬雷锋精神 ····················· 124
  一、在全面从严治党中弘扬雷锋精神 ························ 124
  二、在建设基层党支部中弘扬雷锋精神 ······················ 130
  三、在开展党员教育中弘扬雷锋精神 ························ 134

第三节　在思想政治教育中传承雷锋精神 ························· 136
  一、在思想政治工作中传承雷锋精神 ························ 136
  二、在思想政治理论课中传承雷锋精神 ······················ 140

附录1
雷锋日记节选 ·· 151

附录2
毛主席的好战士——雷锋 ······································ 167
把雷锋精神代代传承下去 ······································ 179
让学习雷锋精神在祖国大地蔚然成风 ···························· 183
雷锋精神是忠实传承党的初心使命的精神高地 ···················· 190

参考文献 ·· 199

第一章
雷锋的成长经历与雷锋精神

  雷锋这个名字在中国可谓家喻户晓。在人们的印象中，雷锋也许是个受苦受难的穷娃子，也许是一名威风凛凛的解放军战士，也许只是一个助人为乐的代名词。在现实中，雷锋是个有血有肉的人，他有自己的童年、少年、青年岁月。在他的闪光点被人发现、发掘后，雷锋逐渐成为一个广为人知的名字，雷锋成为一个典型，雷锋精神融入中华民族的精神之中，照亮一代又一代人前行的道路。

第一章 雷锋的成长经历与雷锋精神

第一节 雷锋成长的背景与经历

雷锋，1940年出生于贫苦的农民家庭，1962年因公牺牲。只看他短暂而苦难的人生经历，我们不免为其唏嘘。然而，直到今天他仍然活在人们的心中，不仅是他的事迹、以他的名字命名的精神，还有一批又一批向他学习的人，一起温暖着我们。

一、新民主主义革命时期的雷锋

1940年12月18日，雷锋出生在湖南省望城县安庆乡简家塘（现为湖南省长沙市雷锋镇雷锋村）。那时，在中国共产党的领导下，抗日的烽火虽已燃遍全国，但是国民党政府却消极抗日，积极反共，日寇的铁蹄踏入了湖南、湖北大片地区，再加上汉奸为非作歹，广大劳苦群众生活在水深火热之中。

雷锋3岁时，他的爷爷在地主的压迫下忧愤离世；5岁时，他的父亲在被日军抓去当挑夫时惨遭毒打不治去世。父亲死后，雷锋的哥哥年仅12岁的雷振德到离家300余里的津市一家机械厂当童工，在繁重劳动的折磨下，不仅得了肺结核，还被轧断了小胳臂，被资本家赶出工厂，因没钱医治，活活疼死。接着，最小的弟弟也连饿带病死在妈妈的怀里，雷锋只剩下妈妈一个亲人。1947年，妈妈不堪地主欺凌，在中秋节当天悬梁自尽，还不满7周岁的雷锋成了孤儿。

万恶的旧社会让雷锋的幼年充满了苦难和阴影，这也是他后来走上革命道路的原因之一。1948年春天，雷锋出门讨米时被地主家的家丁殴打。这时他遇到彭德茂大叔，彭德茂是雷锋父亲生前的好友，在长沙解放前就加入了中国共产党。雷锋把自己被地主欺负的过程告诉了彭大叔，彭大叔说："这些人，没得多少逞凶的日子了，咱们穷苦人有盼头了，听说北方好多地方都已经解放了！"年幼的雷锋对这句话并不理解，但他隐约觉得这是件好事。彭德茂边走边给雷锋讲共产党领导人民求解放的故事，他说："坏人们没有了依靠，穷苦人当家作主的好日子就快来到了。"雷锋牢牢地记住了这句话。

二、社会主义革命和建设时期的雷锋

1948年至家乡解放前，雷锋经常按照中共地下党员杨东泽、彭德茂的安排，在路边散发进步传单。1949年初夏，雷锋和几个小伙伴到地主徐满料子的山上砍柴，被徐家的地主婆凶狠地砍伤了手。后来，雷锋回忆说："我的手被地主砍伤，露出了骨头，鲜血直往外流，疼得我喊娘，娘不应，喊爹，爹不答。"这鲜明的刀痕永远留在雷锋的手上，也让他把深深的阶级仇恨铭记在了心里。

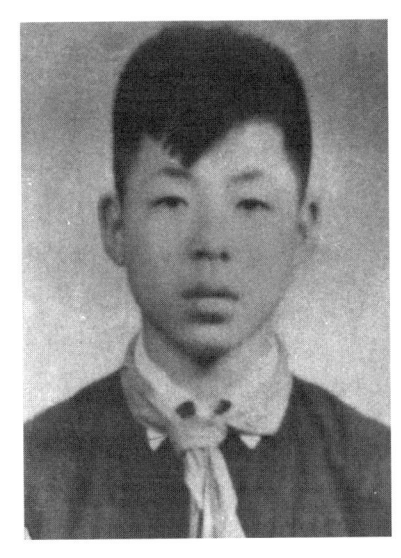

少年雷锋

1949年8月，雷锋的家乡解放了。不久，新中国诞生了。安庆乡建立了农民协会、妇女会和儿童团等群众组织。雷锋扛上红缨枪，成为儿童团大队长，每天带领小伙伴们站岗放哨。土地改革开始之后，打土豪，分田地，安庆乡农会的党组织派雷锋带领小伙伴们监视地主分子。当时，长沙河西地区的土匪、特务和恶霸地主相互勾结，组织了假农会，妄图破坏清匪反霸斗争。雷锋机警地注视着他们的举动，在听到他们议论要杀害安庆乡的民兵队长，阴谋夺取民兵的枪后，他立即报告了乡长彭德茂，假农会的阴谋被一举粉碎。

不久，雷锋的家乡办起了第一所小学。安庆乡农会保送雷锋免费读书。由于当时农村教育比较落后，有的老师只能教某年级，其他年级的课程教不了，所以孩子读书要频繁换学校，有的孩子就不念了，但雷锋始终坚持。雷锋一到二年级是在龙廻塘小学，三年级换到上车庙小学，四年级在向家冲小学，五年级在清水塘小学，六年级在荷月坝小学。1954年，雷锋加入中国少年先锋队，成为一名光荣的少先队队员，始终做到忠于革命忠于党，努力学习天天向上。

1956年，雷锋在彭德茂的推荐下到安庆乡政府当通讯员，因工作完成得出色，3个月后被推荐到望城县委工作，给县委书记张兴玉当通讯员兼警卫员。张兴玉曾对他说："要热爱党、热爱毛主席，向革命英雄学习，创造条件，实现一个人一生的三个光荣理想：在已经是少先队员的基础上，争取早日入团入党。"雷锋把张兴玉的教导牢牢地记在心中，时刻想着为人民、为社会主义事业发光发热。一次，雷锋随张兴玉下乡调查时，在路上看到一颗螺丝钉，不经意地一脚踢开，张兴玉却走上前去，弯腰捡起那颗螺丝钉，擦干净之后放到上衣口袋里。雷锋很不理解，过了几天，雷锋要到一个工厂去送信，张兴玉将那颗螺丝钉交给雷锋，对他说："我们国家底子薄，要搞建设，就得艰苦奋斗。一颗螺丝钉别看它不起眼，但缺了它机器就不能运转。就像你这个公务员，别看职务不高，缺了你也不行，我们每个人都要自觉发挥螺丝钉的作用。"这件小事对雷锋的影响很大，在以后的岁月中，他时刻告诫自己，要像一颗螺丝钉一样，在平凡的工作岗位上尽到自己应尽的职责，"螺丝钉精神"就这样在雷锋心中生了根发了芽。

1958年春，望城县委决定开办团山湖农场。共青团委号召全县共青团员和青少年捐款购买拖拉机，作为给农场的献礼。雷锋把省吃俭用节约下的20元钱都捐了出去，是全县青少年中捐款最多的，雷锋也因此得到团县委的大力表扬，并颁发"热情的捐献人民币贰拾元整"的纪念证书。1958年3月，县领导研究决定派雷锋去农场学开拖拉机，雷锋成为望城县第一代拖拉机手。

1958年11月，鞍山钢铁公司来望城县招收青年工人，雷锋报名并被录用。雷锋在推土机班工作期间，三次被评为先进生产者，五次被评为车间红旗手，还被评为工人夜校优秀兼职语文教员。

1959年，鞍钢决定在弓长岭铁矿建一座焦化厂，雷锋主动报名前往。一次，雷锋在调度室看书时忽然狂风大作，下起了瓢泼大雨，得知工地上还有7200袋水泥，若被暴雨淋湿将产生重大损失，雷锋急速跑回宿舍，喊了20多个小伙子组成抢救水泥突击队。大家找雨布，找芦席，甚至把自己的被褥拿出来，盖在水泥上。大家齐动手，很快就把水泥盖好了。几天后，《弓长岭报》和《共青团员报》报道了这件事，在全鞍钢引起了巨大的轰动，青年工人们纷纷表决心要向雷锋学习。

1959年12月，弓长岭矿基建工作即将结束时，恰好遇上征兵工作的启动，雷锋积极报名参军。武装部的领导同志和工程兵派来接兵的

刚入伍时的雷锋

领导同志专门研究了雷锋的入伍问题。他们认为,雷锋是个苦孩子出身,经过实际斗争的锻炼,立场坚定,政治素质好,虽然身体条件差些,但他在农场开过拖拉机,在工厂开过推土机,多次被评为社会主义建设积极分子和先进生产者,相信他入伍后会成长得更快,最后决定批准雷锋入伍。

1960年1月8日,雷锋带着武装部首长和工厂同志们的殷切期望,踏上了军旅之路。"放到哪里哪里亮,愿做革命的螺丝钉,集体主义思想放光芒"是青年雷锋在社会主义革命与建设时期的鲜活写照。

第二节　雷锋精神的初步兴起

对雷锋精神的宣传报道最早始于20世纪60年代,广大青年无不感受到雷锋事迹与雷锋精神在他们人生观、道德观和价值观形成过程中产生的正面激励作用。

一、雷锋精神宣传报道的悄然兴起

随着雷锋的事迹被纸媒宣传得越来越广,越来越多的人开始了解雷锋、钦佩雷锋、学习雷锋,雷锋的精神逐渐发展为一种敬业精神、助人精神。

1960年4月,雷锋随部队来到抚顺。在抚顺工作期间,雷锋立过功、入了党、当了班长,还兼任两所学校的校外辅导员,逐渐完成了从一名普通士兵到共产主义伟大战士的跨越。当时,雷锋所在的抚顺市驻军工程兵工程十团政治处主任刘家乐刚刚从工程兵舟桥部队调来，负责进一步培养雷锋及其宣传报道工作。经了解，他认为雷锋是部队中的积极因素，雷锋不光爱学习知识、爱钻研工作，还乐于助人，在集体中发挥出了很好的模范带头作用。树雷锋为典型，开展忆苦教育，提倡生产节约，有助于引导部队指战员增强战胜困难的信心。刘家乐在向政委韩万金汇报后，召集宣传股会议，制定宣传方案，派专人继续抓好对雷锋的培养教育，开始有意识地培养、宣传雷锋和雷锋的精神。

20世纪60年代的新中国内忧外困，形势需要全国军民振作精神、团结奋斗、战胜困难。树立和宣传雷锋这个典型，一是因为雷锋本人的先进事迹过硬，二是与时代背景密切相关，三是上级机关和领导重视、关怀雷锋。据雷锋所在团团长吴海山回忆：鉴于雷锋入伍后各方面的突出表现，1960年5月，团党委就开始考察、教育雷锋，并对他的好人好事进行宣传。从雷锋入伍到立功，大家对他的认识只是一个好兵。开始时只是把雷锋和他的事迹作为一般的好人好事进行宣传，虽然起了一些积极作用，但印象不深。随着雷锋的好事越做越多，他的形象和精神内涵就变得愈来愈清晰、饱满。8月，雷锋将平时节约下来的200元分别支援抚顺市望花区人民公社和辽阳灾区，受到部队表彰，团党委决定树立雷锋为"节约标兵"，并将其事迹上报沈阳军区工程兵党委。11月23日，沈阳军区工程兵党委授予雷锋"模范共青团员"荣誉称号。同日,沈阳军区工程兵政治部发出了《关于在部队中开展学雷锋、赶雷锋运动的指示》,沈阳军区工程兵政治宣传处、青年处联合转发了《关于运用雷锋的典型事迹做活教材,配合部队当前教育的报告》。

11月26日,沈阳军区《前进报》用两个整版篇幅,套红刊登了关于雷锋事迹的长篇通讯——《毛主席的好战士》。《人民日报》《解放军报》《辽宁日报》分别以《苦孩子成长为优秀人民战士》《一株茁壮的新苗》《红色的战士雷锋》为题,相继发表介绍雷锋事迹的文章。沈阳军区还同时提出了"学雷锋、赶雷锋、超雷锋"口号。12月11日,《抚顺日报》整版刊发报道雷锋事迹的长篇通讯《毛主席的好战士》和《雷锋日记摘抄》。

雷锋不幸牺牲后,1962年8月24日,《解放军报》在第一版刊登消息《雷锋同志不幸因公牺牲,某部和抚顺各界公祭"毛主席的好战士"》。《解放军画报》第6期刊登专题《五好战士和红领巾》,报道了雷锋的事迹。毛泽东当时不仅知道了雷锋,还很赞赏雷锋。1963年,《人民日报》《解放军报》《中国青年报》等报刊相继发表社论、评论和介绍雷锋事迹的文章,毛泽东仔细阅读相关文章后对罗瑞卿说:"雷锋值得学习啊!向雷锋学习,也包括我自己,我也向雷锋学习。"雷锋的出现,让毛泽东等老一辈党和国家领导人看到了中国共产党人培育出来的、心怀祖国和人民、自强不息、敬业奉献的一代新人典范，这是中国人崭新的人格榜样。雷锋精神，是中国共产党人和中国人民共有的价值追求。毛泽东等老一辈革命家纷纷为雷锋题词，全国掀起了学雷锋的热潮。

1963年1月7日，国防部命名雷锋生前所在的沈阳军区工程兵某部运输连四班为"雷锋班"。1月16日，罗瑞卿为"雷锋班"命名大会题词："伟大的战士——雷锋同志永垂不朽。"中共中央东北局第一书记宋任穷题词："革命精神，永垂不朽"；沈阳军区司令员陈锡联题词："党的好儿子，毛主席的好战士"；沈阳军区政委赖传珠题词："永生的战士，光辉的榜样。"

1963年2月，毛泽东应《中国青年》编辑部请求，为《中国青年》"学习雷锋同志专辑"题词：向雷锋同志学习。毛泽东指出，学雷锋不是学他哪一件好事，也不是学他的某一方面优点，而是要学他的好思想、好作风、好品德；学习雷锋长期一贯地做好事，而不做坏事；学他一切从人民利益出发，全心全意为人民服务的精神。当然，学雷锋要实事求是，扎扎实实，讲究实效，不搞形式主义。不但普通干部、群众学雷锋，领导干部也要带头学，才能形成好风气。

1963年3月6日，《解放军报》发表了几位中央领导人的题词手迹。邓小平题词："谁愿当一个真正的共产主义者，就应该向雷锋同志的品德和风格学习。"刘少奇题词："学习雷锋同志平凡而伟大的共产主义精神。"周恩来题词："向雷锋同志学习憎爱分明的阶级立场，言行一致的革命精神，公而忘私的共产主义风格，奋不顾身的无产阶级斗志。"朱德题词："学习雷锋，做毛主席的好战士。"陈云题词："雷锋同志是中国人民的好儿子，大家向他学习。"

从时间维度而言，雷锋精神具有超越时间的传承性。自毛泽东于1963年提出向雷锋同志学习的口号后，历届中央领导人都非常重视学习和弘扬雷锋精神。雷锋精神的本质是全心全意为人民服务，可以说人民立场永远是雷锋精神不可撼动的压舱石。而人民的根本特征就在于生生不息，一代传承一代，是时间有限性与无穷性的辩证统一。每一个人和每一代人都有自身的时间限制，但整个人类的发展是无止境的，伟大的精神会被一代又一代人不断传承，并根据那一代人的需要进行丰富，继而使得这一伟大的精神更具时代性，更显生命力。雷锋精神就是如此。

二、雷锋精神宣传报道的沉寂

"文革"期间，学雷锋活动受到严重干扰和破坏，雷锋精神受到歪曲和篡改。刘少奇曾为雷锋题词"学习雷锋同志平凡而伟大的共产主义精神"，邓小平曾题词"谁愿当一个真正的共产主义者，就应该向雷锋同志的品德和风格学习"。"平凡而伟大"是雷锋的显著特征，但"四人帮"以他们的逻辑对"平凡而伟大""品德和风格"进行了无理的歪曲和批判。

1970年3月5日,一篇纪念毛泽东同志发表"向雷锋同志学习"伟大号召7周年的文章中写道:"雷锋同志是在十分尖锐复杂的阶级斗争大风大浪中成长起来的无产阶级先锋战士。党内最大的一小撮走资派肆意歪曲雷锋同志的高大形象,把雷锋同志说成是'和平时期'的典型,抽掉阶级斗争的灵魂,胡说要学习雷锋的什么'平凡而伟大'的'品德和风格',妄图反对我们活学活用毛泽东思想,要人们忘记阶级斗争和无产阶级专政,以便他们复辟资本主义……"就这样,刘少奇和邓小平的题词被打上了叉,遭到炮轰。报纸还登过一篇报道,文中观点是,学习雷锋首先要学习他憎爱分明的无产阶级立场,绝不是学习他什么"平凡而伟大的共产主义精神"。

1975年,邓小平在第一次军委扩大会议上讲了一个在群众中广为流传的故事《雷锋叔叔不在了》。故事表面是讲军队同志坐公交不让座,实际是从深层次揭示军队同志为人民服务的意识等有所丧失。1977年,邓小平在一次中央军委全体会议上又一次讲到雷锋,"1975年我讲过'雷锋叔叔不在了','四人帮'对此大肆攻击、污蔑,其实这不是我的话,是老百姓的话"。这些说明,当时学雷锋的活动减少了,连在军队中也少了,人们的学雷锋意识非常淡薄,亟须改善。

第三节　雷锋精神面临市场经济的挑战

改革开放解放了人民思想上的束缚，并在理论和实践上丰富、发展了雷锋精神的内涵与价值。广大人民对雷锋有着广泛的思想认同，"身边雷锋"的奉献故事、美德故事随处可见，人民一直传颂着雷锋故事、传唱着雷锋赞歌、传承着雷锋精神。雷锋精神历经了半个多世纪非但不衰反而进一步得到丰富与发展，其根本原因就是人们已将雷锋精神内化于心，外化于行。值得注意的是，当人们践行雷锋精神时，情况与雷锋当年所处的时代具有一定差别。那就将产生这样一个问题，即人们所践行的精神究竟是不是雷锋精神。产生这一认识的根源即人们对雷锋精神的本质认识模糊，把握不准，偏离了雷锋精神的核心靶点。不断因实践而丰富的雷锋精神，借助实践力量生生不息，进而促进人们对雷锋精神更为全面地把握，更为准确地践行。雷锋的生命虽然停止，但雷锋精神必将永恒，在改革开放和社会主义现代化建设新时期，也必须与时俱进地弘扬雷锋精神。

一、改革开放后市场经济条件下的雷锋精神

1979年3月30日，邓小平在《坚持四项基本原则》讲话中指出："林彪、'四人帮'把我们的党和政府搞乱了，把我们的社会搞乱了，也把不少青少年毒害了，社会主义的道德风尚受到了严重的损害。……我们一定要教育好我们的后一代，一定要从各方面采取有效的措施，搞好我们的社会风气，打击那些严重败坏社会风气的恶劣行为。"邓小平的这段讲话某种程度上为恢复人民对雷锋精神价值的重视奠定了基础。江泽民也非常重视学雷锋，这也是改革开放后中国市场经济发展的需要。1990年2月21日，江泽民为雷锋题词："学习雷锋同志，弘扬雷锋精神。"1990年10月29日，江泽民参观抚顺雷锋纪念馆并题写了"雷锋纪念馆"的馆名。在接见雷锋所在团官兵代表时，江泽民强调，出现雷锋这样伟大的共产主义战士，不仅是人民解放军的光荣，也是中国人民的光荣。雷锋的宝贵遗产应该是属于全军的，属于全党的，属于全国人民的。一定要继续在全国开展学习雷锋的活动。

1988年，抚顺市望花区成立全国最早的学雷锋研究会；1990年，抚顺市成立学雷锋研究会，创办《雷锋论坛》杂志；2004年，抚顺市

成立雷锋精神研究所，出版了《雷锋精神研究》期刊。在不同时期推动学习雷锋精神、弘扬雷锋精神，注重加强理论引导，在坚守中与时俱进。

除了在社会上动员大家学习雷锋，军队中也十分注重学习雷锋。1996年7月30日，经中央军委批准，由总政治部统一制作的党的三代领导核心关于加强军队建设的题词和六位著名英模张思德、董存瑞、黄继光、邱少云、雷锋、苏宁的画像印发全军，在连以上单位悬挂、张贴。这些英模是我军在不同历史时期涌现出的杰出代表，在每个英模画像下方都有一句话高度凝练其精神内涵。雷锋画像下是"把有限的生命投入到无限的为人民服务之中去"这句忠实诺言，概括了他的鲜明特点。雷锋画像张贴在部队中，潜移默化地教育影响着人民子弟兵，对践行雷锋精神起到了很好的引导作用。

二、进入21世纪的雷锋精神

21世纪，人们迫切呼唤雷锋和雷锋精神的回归，坚持社会主义先进文化前进方向，引导向善力量。

2006年10月，党的十六届六中全会第一次明确提出了"建设社会主义核心价值体系"的重大命题和战略任务，明确了社会主义核心价值体系的基本内容。2007年10月，党的十七大进一步指出："社会主义核心价值体系是社会主义意识形态的本质体现。"2011年10月,党的十七届六中全会明确提出,要深入开展学雷锋活动,推动学习活动常态化。

不仅中央高度重视,地方也注重结合时代特征弘扬雷锋精神。1968年,湖南省建立雷锋纪念馆,雷锋纪念馆是全国爱国主义教育示范基地、全国青少年教育基地、国家国防教育示范基地,也是全国性的雷锋精神宣传实践基地。雷锋纪念馆包含雷锋故居、雷锋生平事迹陈列馆、领袖名人题词碑廊、雷锋塑像广场、"向雷锋同志学习"巨型艺术墙等景点,雷锋生平事迹陈列馆有展品560余件,通过大量的文物、图片、图表及艺术作品,生动多样地展示雷锋平凡而伟大的一生。雷锋的亲笔日记、盖过的棉被、服务他人的理发工具、开过的拖拉机等革命文物扮演着"红色导师"的角色。仰望雷锋雕塑、聆听雷锋故事,可以让前来参观学习的人更为深刻地体会雷锋精神的内涵和意义。

第四节　雷锋精神价值被重新认识

认识雷锋精神超越时间的传承性，并对这一特征进行确证的过程，就是对雷锋精神的传承过程。每一时代的确证认知不仅展现了那一时代的雷锋精神样貌，更是在时间的长河中构建完善雷锋精神全貌的不可或缺的一笔。雷锋精神就是这样随着时间的推移和时代的发展不断丰富完善的。

一、雷锋精神与社会主义核心价值观相吻合

党的十八大报告明确提出"富强、民主、文明、和谐，自由、平等、公正、法治，爱国、敬业、诚信、友善"24字社会主义核心价值观。推动学雷锋活动常态化是党的十八大关于学习雷锋的重要指示。党的十九大报告进一步指出，要"深化中国特色社会主义和中国梦宣

传教育，弘扬民族精神和时代精神"。雷锋精神是中国精神的重要组成部分，多地涌现出学雷锋活动常态化的典范，有助于培育社会主义核心价值观，有助于营造中国人民团结一心奋勇前进的精神氛围，有助于实现人民对美好生活的向往。

鞍山钢铁集团郭明义深受雷锋精神影响，时时处处以雷锋为榜样，牢记全心全意为人民服务的宗旨，坚定中国特色社会主义理想信念，满腔热情地对待党和人民的事业，模范践行社会主义道德，忠于职守、爱岗敬业，关爱他人、无私奉献，勤俭节约、艰苦奋斗，在平凡的岗位上做出了不平凡的业绩。2010年8月，胡锦涛对郭明义的先进事迹作出重要批示："郭明义同志是助人为乐的道德模范，是新时期学习实践雷锋精神的优秀代表。要大力宣传和弘扬郭明义同志的先进事迹和崇高品德，为构建社会主义和谐社会提供强大精神力量。"2012年3月，郭明义被中央精神文明建设指导委员会授予"当代雷锋"荣誉称号，以更好发挥先进模范的示范引领作用，激励广大人民群众自觉践行雷锋精神，热情参与学雷锋活动，形成全民族奋发向上的精神力量。

2011年10月，党的十七届六中全会强调，社会主义核心价值体系是兴国之魂，建设社会主义核心价值体系是推动文化大发展大繁荣的根本任务。提炼和概括出简明扼要、便于传播践行的社会主义核心价值观，对于建设社会主义核心价值体系具有重要意义。全会同时审议通过了《中共中央关于深化文化体制改革　推动社会主义文化大发展大繁荣若干重大问题的决定》，提出："深入开展学雷锋活动，采取措施推动学习活动常态化。"

2012年2月，为贯彻落实党的十七届六中全会精神，大力弘扬雷锋精神，促进社会主义核心价值体系建设，不断提升公民道德素质和社会文明程度，中共中央办公厅印发《关于深入开展学雷锋活动的意见》（以下简称《意见》）。《意见》分为深入开展学雷锋活动的重要意义、开展学雷锋活动的总体要求、学雷锋活动的常态化项目、抓好学雷锋活动的组织实施四部分。这是以胡锦涛同志为总书记的党中央科学分析当时社会思想道德建设新形势，顺应人民群众新期待提出的重要任务，是推进社会主义核心价值体系建设、打牢全党全国各族人民团结奋斗共同思想基础的一项重大举措。《意见》着眼于建设社会主义核心价值体系，着眼于推进社会公德、职业道德、家庭美德、个人品德建设，着眼于提升公民思想道德素质和社会文明程度，以传承和弘扬雷锋精神为主题，以青少年为重点，以社会志愿服务为载体，贴近实际、贴近生活、贴近群众，创新内容、创新形式、创新手段，广泛进行雷锋事迹、雷锋精神和雷锋式模范人物的宣传教育，广泛开展学雷锋实践活动和社会志愿服务活动，广泛普及爱国、敬业、诚信、友善基本道德规范，推动学雷锋活动常态化、机制化，形成践行雷锋精神、争当先进模范的生动局面，形成我为人人、人人为我的良好氛围。

2012年3月，胡锦涛在出席十一届全国人大五次会议解放军代表团全体会议时强调，深入开展新形势下学雷锋活动，着力提高官兵的思想道德和科学文化素质。

二、中国特色社会主义新时代的雷锋精神

习近平同志最早关于学雷锋的相关论述为1990年5月的《同心同德兴民兴邦——给宁德地直机关领导干部的临别赠言》，文中指出："所以，我们应当有一种雷锋的'钉子'精神，挤时间学习，争分夺秒地学习。"之后，习近平总书记曾多次在不同场合对弘扬雷锋精神作出一系列重要论述。

2013年3月6日，习近平总书记在参加十二届全国人大一次会议辽宁代表团审议时指出："要大力加强思想道德建设。雷锋、郭明义、罗阳身上所具有的信念的能量、大爱的胸怀、忘我的精神、进取的锐气，正是我们民族精神的最好写照，他们都是我们'民族的脊梁'。要充分发挥各方面英模人物的榜样作用，大力激发社会正能量，为实现'中国梦'提供强大精神动力。"

2013年5月4日，习近平总书记在同各界优秀青年代表座谈时指出："要倡导社会文明新风，带头学雷锋，积极参加志愿服务，主动

承担社会责任，热诚关爱他人，多做扶贫济困、扶弱助残的实事好事，以实际行动促进社会进步。"

2014年3月11日，习近平总书记出席十二届全国人大二次会议解放军代表团全体会议，亲切接见部分基层代表时，对某工兵团"雷锋连"指导员谢正谊说："雷锋精神是永恒的，是社会主义核心价值观的生动体现。你们要做雷锋精神的种子，把雷锋精神广播在祖国大地上。"

2014年3月4日，习近平总书记在给郭明义爱心团队的回信中指出："雷锋精神，人人可学；奉献爱心，处处可为。""我国工人阶级应该为全社会学雷锋、树新风作出榜样，让学习雷锋精神在祖国大地蔚然成风。"

2014年3月17日，习近平总书记在参观焦裕禄同志纪念馆时指出："很多东西存在的时间虽然短暂，但这短暂铸就了永恒，焦裕禄精神是这样，井冈山精神、延安精神、雷锋精神等革命传统和伟大精神都是这样。"

2015年，《雷锋》杂志创刊，辽宁抚顺广播电视台"雷锋频道"开播，成为弘扬雷锋精神、传播社会主义核心价值观的重要阵地。

2016年，《关于公共文化设施开展学雷锋志愿服务的实施意见》发布，带头践行社会主义核心价值观的示范引领作用，提升公民思想道德素质和社会文明程度。

★ 永远的榜样：雷锋

2017年3月5日学雷锋日当天，人民日报微信公众号发布由共青团中央和北京科技大学共同制作的宣传短视频《我们今天为什么还要学雷锋？》，网络点击量与观看量突破300万次，引发热烈讨论。

雷锋精神不仅是中华民族的宝贵精神财富，也是全人类的精神食粮。2018年3月，抚顺市"一带一路、雷锋同行"经贸文化交流活动走进马来西亚。通过举办展览、报告会，发行图书，学校共建等方式，让世界了解雷锋，体会中国精神、中国价值。拥戴雷锋、学习雷锋，凝聚着几代中国人的情感，呼应着新时代人民对美好生活的向往。

2018年9月28日，习近平总书记在参观雷锋纪念馆时指出："雷锋是时代的楷模，雷锋精神是永恒的。实现中华民族伟大复兴，需要更多时代楷模。我们既要学习雷锋的精神，也要学习雷锋的做法，把崇高理想信念和道德品质追求转化为具体行动，体现在平凡的工作生活中，作出自己应有的贡献，把雷锋精神代代传承下去。"

2019年10月，中共中央、国务院印发《新时代公民道德建设实施纲要》，提出学雷锋和志愿服务是践行社会主义道德的重要途径，引导人们把学雷锋和志愿服务作为生活方式、生活习惯。2019年1月，"学习强国"学习平台上线，设立"雷锋精神""志愿者服务"栏目。各类媒体开设专门栏目，为学雷锋典型报道常态化、长效化实践的阵地建设打下了坚实基础。

2021年9月,雷锋精神成为第一批纳入中国共产党人精神谱系的伟大精神,成为红色血脉代代赓续的重要内容。

2023年2月,习近平总书记对深入开展学雷锋活动作出重要指示强调:"新征程上,要深刻把握雷锋精神的时代内涵,更好发挥党员、干部模范带头作用,加强志愿服务保障和支持,不断发展壮大学雷锋志愿服务队伍,让学雷锋在人民群众特别是青少年中蔚然成风,让学雷锋活动融入日常、化作经常,让雷锋精神在新时代绽放更加璀璨的光芒,为全面建设社会主义现代化国家、全面推进中华民族伟大复兴凝聚强大力量。"

实践证明,无论时代如何变迁,雷锋精神永不过时。新时代以来,在雷锋精神感召下,无数人沿着雷锋的足迹铿锵前行,一个个雷锋故事不断上演,从而使雷锋精神不断闪耀出耀眼的光芒。

第二章
雷锋精神的含义与体现

　　雷锋，树起了一座令人景仰的道德丰碑；雷锋精神，激励了一代又一代人成长。雷锋精神具有超越个人、时间、空间的特征，党的十九大对我国发展所处历史方位作出新的重大政治判断，即中国特色社会主义进入了新时代。在新的历史方位下对雷锋精神的内涵进行全新的审视及解读，了解其深刻含义与具体体现，既是时代育人所需，也是增强雷锋精神内在生命力的应有之义。

第二章　雷锋精神的含义与体现

第一节　憎爱分明的阶级立场

雷锋的一生可以简单地分为两个阶段，一个是新中国成立前，一个是新中国成立后。新中国成立前，雷锋的父母兄弟相继离世，年幼的雷锋历经艰辛，受尽了旧社会的压迫，直到中国共产党解放了旧社会，拯救了年幼的雷锋。这些经历孕育了雷锋憎爱分明的阶级立场。

一、立场坚定的斗争精神

立场坚定的斗争精神是雷锋精神最基本的表现。雷锋坚决同反对、破坏社会主义建设的敌对分子做斗争。

一是思想路线上的立场坚定。雷锋坚决听党的话，一辈子跟党走，他一心向着党，向着社会主义，向着共产主义。用党先进的思想武装自己的大脑，使自己在思想上永远保持先进性，永不褪色。

二是人生观上的立场坚定。"一个革命者,当他一进入革命行列的时候,就首先要确定坚定不移的革命人生观……树立这样的人生观,就必须培养自己的思想道德品质,处处为党的利益,为人民的利益着想,具有大公无私、舍己为人的风格……要能够为党的利益,为集体的利益不惜牺牲自己的利益。否则就是个人主义者,是资产阶级的人生观。"[1]这是雷锋的人生观,雷锋要做的是具有共产主义人生观的革命者,这是他绝不动摇的坚定信念。雷锋以这种坚定的人生观为指引,在生活中积极贯彻斗争精神。这种斗争精神有两个层面的含义:一方面是雷锋自我进行的斗争,即时时刻刻对自己的人生观进行反省与思考;另一方面是雷锋与他人进行的斗争,这不是与他人动刀动枪,拼个你死我活,而是对他人的人生观实施影响,使他人树立起坚定的共产主义人生观。

三是幸福观上的立场坚定。幸福从哪来,雷锋给出了自己的判断,"我觉得一个革命者就应该把革命的利益放在第一位,为党的事业奉献出自己的一切,这才是最幸福的"[2]。雷锋的幸福观是紧紧与党和人民联系在一起的,雷锋坚定地把为党的事业、为人民奉献出自己的一切作为自己获得幸福的基本立场,并为此不断进行"斗争"。

---

[1] 《雷锋日记》,远方出版社2012年版,第21页。
[2] 《雷锋日记》,远方出版社2012年版,第121页。

雷锋在火车站遇见一位探亲的大娘，帮助她找到了儿子的家

幸福是奋斗出来的。为实现中华民族伟大复兴而奋斗，要站稳人民立场，坚决同一切损害人民利益、脱离群众的行为作坚决斗争。因此，必须坚定不移地推动雷锋精神时代化，使其更好地成为人民奋斗道路上的引路标、导航标。

二、人民至上的服务精神

全心全意为人民服务是雷锋精神的实质，它彰显了人民在雷锋心中的位置。

首先，惜时的为人民服务理念。在雷锋眼里时间是最宝贵的东西，节约下每一分每一秒的时间，都可能去完成另一件为人民服务的事情。雷锋在日记中记录了一次他冒着大雨送一对母子回村的故事，天色已晚加上大雨天气，村里的乡亲都希望雷锋能够留宿一晚，第二天再回部队。可是雷锋拒绝了，连夜赶回部队，为的是能参加第二天早上的出勤。"惜时"是雷锋在为人民服务中的最大特征。"人的生命是有限的，而为人民服务是无限的，我要把有限的生命投入到无限的为人民服务之中去。"[①]雷锋深知个人生命是有限的，而人民的发展则是无限的，所以他将生活中的每一分每一秒都深深地刻入人民至上的服务精神。

其次，有效的为人民服务信念。有效就是有效果，就是做正确的有道义的事，有效果的确证不仅来自自己，更来自他人。雷锋坚持人民至上的服务精神，做好身边每一件为人民服务的小事，在雷锋看来，人民的事再小也是大事。正是在这种信念下，雷锋把人民的每一件小事都做到极致，真真正正地做到了"有效性"。这启示我们，要克服只有惊天动地的事才是大事，平淡无奇的人民之事可以置之不闻的倾向，事关人民，再小也必须引起足够的关注。

最后，有情怀的为人民服务信仰。雷锋将人民至上作为服务的价值取向，体现的是一种民族情怀。这种民族情怀既有中华优秀传统文化的基因，也有中国共产党特有的品性。其终极价值就是要建设人人友爱，消灭剥削和压迫的共产主义社会。

---

① 《雷锋日记》，远方出版社2012年版，扉页。

第二节　言行一致的革命精神

雷锋精神具有蓬勃的生命力,半个多世纪来,雷锋不仅没有被人民忘却,还更加深入地走进了人民心中与日常生活。"活雷锋"的称赞成为对一个人品质、德行等的最高赞扬。为什么雷锋精神能经久不衰,显现出强大的生命力,就在于雷锋精神具有超越个人、超越时间、超越空间的力量,就在于雷锋精神具体表现为人民所需要的多种品质精神。其中,言行一致的革命精神是雷锋精神的重要含义与体现。

一、刻苦钻研的钉子精神

具有挤劲与钻劲两重属性的钉子,是雷锋为自己树立的参照物。当雷锋听到有的同志说自己工作非常忙,实在没有时间学习时,他便根据自己的学习体会,在日记中写下了这样一段话:"要学习的时间是有的,问题是我们善不善于挤,愿不愿意钻。一块好好的木板,上面一个眼也没有,但钉子为什么能钉进去呢?这就是靠压力硬挤进去的,硬钻进去的。看来,钉子有两个长处:一个是挤劲,一个是钻劲。我们在学习上,也要提倡这种钉子精神,善于挤,善于钻。"

雷锋在鞍钢工作时,制订了一个早晨学一小时、晚上学到10点至11点的自学计划。到部队后工作更忙,没有更多的学习时间,于是,雷锋就把学习的书本放在挎包里,人到哪里书到哪里,有空就拿出来看上一点;出车回来,雷锋也要挤出时间来学习。有时候熄灯号响后,为了不影响其他同志休息,雷锋就到工棚、车场、厨房、司务长的宿舍去读书,并且一读就是大半夜。正是由于有这种挤劲,雷锋读的书越来越多,知识越来越丰富。在学习方面,雷锋不管遇到什么困难,总是用尽所有办法,绞尽脑汁搞懂问题,充分显示出他的钻劲。在学习毛主席著作时,他总结了五步学习法:一是分析每篇文章对当时革命运动起了什么作用,二是主席为什么分析这个问题,三是主席在文章中提出几个什么观点,四是主席的方法论是什么,五是联系个人写心得体会。雷锋读过的《毛泽东选集》,几乎每一篇每一页都画了学习重点,边边角角上写着阅读心得。据统计,雷锋共写了9本近20万字的学习心得笔记。这些都是他刻苦钻研革命理论的真实记录,是他刻苦钻研的钉子精神的鲜活体现。

随着经济的飞速发展,我国人民的物质生活水平有了显著的提高,但是我们目前仍然处于社会主义初级阶段,我国目前仍是世界上最大的发展中国家,实现中华民族伟大复兴的中国梦仍任重道远。我们要像雷锋那样发扬钉子精神,努力学习,刻苦钻研,不断地提高自己、完善自己,干一行爱一行、专一行精一行。

二、勤勉敬业的螺丝钉精神

1960年1月12日,雷锋在日记中写道:"虽然是细小的螺丝钉,是个细微的小齿轮,然而如果缺了它,那整个的机器就无法运转了,慢说是缺了它,即使是一枚小螺丝钉没拧紧,一个小齿轮略有破损,也要使机器的运转发生故障的,尽管如此,但是再好的螺丝钉,再精密的齿轮,它若离开了机器这个整体,也不免要当作废料,扔到废铁料仓库里去的。"雷锋当过通讯员、推土机手、汽车兵,在每一个工作岗位上,雷锋都兢兢业业,把扮演的每一个角色都发挥到淋漓尽致。正是因为他这种勤勉敬业的"螺丝钉精神",所以能在看似普通的工作岗位取得非凡的成就。用雷锋自己的话说,就算是一颗小小的毫不起眼的螺丝钉,它也是整个机器运转不可或缺的东西。雷锋清楚地认识到,无论自己此时此刻扮演着什么角色,都是具有自己存在的价值的。因此,必须将这一角色的价值充分发挥出来,这就是为什么雷锋能够时时刻刻都勤勤勉勉、努力工作。

1962年4月17日，雷锋在日记中写道："一个人的作用，对革命事业来说，就如一架机器上的一颗螺丝钉。机器由于有许许多多螺丝钉的连接和固定，才成了一个坚实的整体，才能运转自如，发挥它巨大的工作能力。螺丝钉虽小，其作用是不可估计的。我愿永远做一个螺丝钉。螺丝钉要经常保养和清洗，才不会生锈。人的思想也是这样，要经常检查才不会出毛病。"雷锋日记中，记录了很多自我反省。雷锋反省自己是否真正具备了一个共产党员应有的精神面貌，是否真正践行了一个共产党员应有的生活作风，是否真正满足了一个共产党员的基本要求。正是雷锋这种坚持反省的自律精神，使其在平凡的岗位获得了不平凡的成就。

在新时代，钉子精神和螺丝钉精神也是每一个行业不可或缺的。在面临更多的问题和复杂矛盾的情况下，必须大力学习和弘扬雷锋精神，推动这一精神与社会主义核心价值观的有效结合，塑造和提升行业自律品质，使每一行业都能更好地助推中国特色社会主义建设。

第三节 公而忘私的共产主义风格

雷锋精神内在地具有坚持实事求是、群众路线以及独立自主的特性。雷锋从中国共产党的历史实践中看到了什么是真正地从人民群众中来，到人民群众中去。他将人民群众的根本利益视为自己行为的出发点与落脚点，故而雷锋精神中显示出鲜明的公而忘私的共产主义风格。

一、顾全大局的集体主义精神

关于集体主义与个人主义，雷锋有着深刻的认识，他认为"个人主义好比大海中的孤舟，遇到风浪，一碰就翻。集体主义好比北冰洋上的原子破冰船，任凭什么坚冰都可以摧毁。坐在小舟里摇摇晃晃不好，还是坐在原子破冰船上乘风破浪一往无前为好"[1]。雷锋以"小舟"与"原子破冰船"作比喻反映出自己的价值取向。

具体来看，雷锋顾全大局的集体主义精神主要表现在：第一，舍小家为大家。雷锋的父母兄弟早逝，对雷锋而言，"小家"就是他自己。在中国共产党这里，他找到了"大家"，即人民群众这一最广泛的集体。为了这个最广泛的"大家"，雷锋甘愿牺牲"小家"。第二，集体利益至上。雷锋深沉地热爱着集体，在他的日常生活中处处散发着集体主义原则的光辉。集体主义是指导雷锋生活的根本标杆，集体主义深深地镌刻在雷锋的每一寸肌肤上，流动在他的热血之中。

雷锋顾全大局的集体主义精神，与中国共产党吃苦在前、享受在后的优良传统是相一致的。加强学习和弘扬雷锋精神，不仅是开展党的自身建设的要求，也是新时代的必然要求。

二、积极负责的主人翁精神

雷锋具有积极负责的主人翁精神，其个人利益与阶级利益、国家利益高度一致。雷锋精神坚持不计报酬、无私奉献，坚持自力更生、艰苦奋斗，不断发挥主观能动性，很好地发扬了共产主义的协

---

[1] 《雷锋日记》，远方出版社2012年版，第145页。

作精神。实现中华民族伟大复兴,不仅需要人民群众的广泛参与,更需要人民群众心往一处想,劲往一处使。雷锋精神有助于凝聚全党同志、全国人民的共识,共同为全面建设社会主义现代化国家不懈奋斗。

第四节 奋不顾身的无产阶级斗志

哪里有需要,哪里就有雷锋。身先士卒是雷锋在日常生活中的现实写照。一切为了人民,为了一切人民,哪怕就是牺牲也是值得的。"人民"占据了雷锋的全部。雷锋精神的形成离不开中国共产党的精神对雷锋在世界观、人生观与价值观上的影响与塑造。可以说,雷锋精神就是中国共产党的精神的体现。

一、一往无前的牺牲精神

雷锋精神中奋不顾身的无产阶级斗志首先表现为一往无前的牺牲精神。坚定的信仰贯穿雷锋一生。在艰苦年代穷苦出身的雷锋,从接触到中国共产党那一刻开始,便坚定不移地跟党走。在之后的学习、实践中,雷锋更加坚定自己的信仰,就是要跟着党带领大家一同建设社会主义。为了这一信仰,雷锋一往无前,并不惧怕生死。信仰的力量总是能给人提供源源不断的动力,这种动力不只是精神上的,更是物质上的。雷锋精神中一往无前的牺牲精神体现在以下两个方面:一是纯粹地追求心中的信念,不被外物所扰。雷锋的信仰是纯粹的,不含杂质的。任何"外物"的干扰对他而言都是无效的,并且雷锋通过对这些"外物"的分析,更明确了自己的信仰的真理性。二是认为为心中的信仰牺牲一切是值得的,是有价值的。雷锋坚守自己的信仰,并为了这一信仰不懈努力,在他看来,自己所做出的一切牺牲都是值得的,都是有价值的。雷锋经常对照各种英雄人物事迹并反思自己的行为,他将这些英雄人物看作自己的榜样,时时鞭策自己。

二、忘我奉献的"老黄牛"精神

雷锋就像是一头永不停息,只管耕耘,不问回报的老黄牛一般。埋头耕耘时,看见的只有人民群众,为人民群众耕好每一块地、每一亩田,是他内心的唯一所想。他流下的每一滴汗,里面都闪耀着幸福的光芒。

尽心尽责为国奉献,是雷锋精神中的本质方向与坚定信念。幼小的时候,雷锋经历了无数的磨难,但他幸运地活了下来,幸运地等到了中国共产党推翻旧社会,建立新中国。雷锋热爱中国共产党,因为它是真正为解放全人类而不懈努力，为的是人民的福祉；他感恩中国共产党，因为党把他从万恶的旧社会拯救出来，使他能够真正像"人"一样地生活。党还对他进行培育，使他能够获得自由而全面发展。雷锋由衷地拥护中国共产党的领导，愿意积极献身于为全人类谋求福祉的伟大事业中。对于雷锋来说，爱党就是爱国，这种爱是赤裸裸的，是不掺任何杂质的阶级斗志力量所在。

国家国家，有国才有家，无国便无家。爱国就是爱党，就是爱中国特色社会主义。要坚决打击、抵制任何分裂国家的言行，以爱党爱国的信念和情感共同推进中国特色社会主义建设。雷锋精神中坚定的爱党爱国内涵，是引导广大人民树立正确人生观、价值观的重要资源。我们要进一步弘扬雷锋精神，要像雷锋那样，做到谦虚谨慎、不骄不躁、艰苦奋斗，增强忧患意识，切实做到尽心尽责为国奉献，当好共产主义的合格建设者和可靠接班人。

第三章
雷锋精神的契合与传承

雷锋精神并非无源之水、无本之木，它的诞生、发展、弘扬无不闪烁着马克思主义的理论光芒。雷锋精神站定马克思主义政治立场，具有鲜明的人民属性；符合马克思主义实践观，具有显著的实践特性；是马克思主义中国化的产物。雷锋精神产生在中国大地上，与中华优秀传统文化、革命文化和社会主义先进文化一脉相承。

第三章　雷锋精神的契合与传承

第一节　雷锋精神闪耀马克思主义理论光芒

雷锋精神自诞生之日起，便始终闪耀着马克思主义理论光芒。作为一名共产主义战士，雷锋的思想与行动和马克思主义价值观高度吻合。马克思指出，"人的本质不是单个人所固有的抽象物，在其现实性上，它是一切社会关系的总和"[①]，这就意味着，现实的人的价值是在人类社会的实践中产生的。作为"马克思主义先锋战士"，雷锋坚信人的价值体现在社会个体为实现共产主义目标而为人民的利益与建设事业的不懈奋斗中。马克思指出，"人的本性是这样的：人只有为同时代人的完美、为他们的幸福而工作，自己才能达到完美。""如果我们选择了最能为人类而工作的职业，那么，重担就不能把我们压倒，因为这是为大家作出的牺牲；那时我们所享受的就不是可怜的、

---

① 《马克思恩格斯文集》（第1卷），人民出版社2009年版，第501页。

有限的、自私的乐趣，我们的幸福将属于千百万人，我们的事业将悄然无声地存在下去，但是它会永远发挥作用，而面对我们的骨灰，高尚的人们将洒下热泪。"[1]雷锋在其日记中多次提到："世界上最光荣的事——劳动，世界上最体面的人——劳动者。"[2]"为了党和人民的事业，就是入火海上刀山，我甘心情愿，头断骨粉，身红心赤，永远不变。"[3]"为保卫社会主义建设，为保卫世界和平，我要把自己可爱的青春献给祖国最壮丽的事业，做一个真正的共产主义革命战士……"[4]在雷锋短暂而光辉的一生中，他并不与很多人一样，标榜名利，而是以不惜牺牲个人利益，为国家、集体作贡献为标准，以无限的为人民服务为己任，立志追求崇高的共产主义理想。

忠于共产主义事业，毫不利己地去帮助别人，在各种不同的工作岗位上干一行爱一行，把有限的生命投入到无限的为人民服务之中去，在平凡的工作中为社会主义、共产主义的事业而奉献自己的力量的雷锋精神与马克思主义完美结合。雷锋精神，是站在马克思主义的立场上，通过马克思主义的观点认识世界，运用马克思主义的方法进行实践。雷锋精神带有鲜明的中国化马克思主义特色，带有深刻的中华民族的烙印，是中华优秀传统美德与马克思主义思想结合的典范。

---

[1] 《马克思恩格斯全集》（第1卷），人民出版社1995年版，第459—460页。
[2] 《雷锋日记》，远方出版社2012年版，第65页。
[3] 《雷锋日记》，远方出版社2012年版，第38页。
[4] 《雷锋日记》，远方出版社2012年版，第45页。

一、彰显人民属性

马克思主义具有鲜明的人民属性。马克思主义是关于全世界无产阶级和全人类彻底解放的学说，自其诞生之日起，就坚定地站在最广大人民的立场上，代表最广大人民群众的利益，依靠人民群众，相信人民群众，从群众中来，到群众中去，全心全意为人民服务。在党的历次党代会报告中"人民"一词都是高频词，其中，在党的十九大报告中，"人民"一词共出现203次之多。由此清晰可见，人民是党的固有属性，党同人民紧紧站在一起。坚持以马克思主义为指导，核心要解决好为什么人的问题。做到坚持以人民为中心，就是充分践行马克思主义的人民属性。

雷锋精神，正是为人民群众的事业奋斗终身的精神，强调要把个人价值融入社会价值中，与社会价值相融合，个人事业和奉献人民相统一，个人事业在奉献人民中获得成就、取得成功。

（一）马克思主义政治立场

人民属性问题事实上就是立场问题。立场，是人们观察、认识和处理问题的立足点。这个立足点，从根本上是由人们的经济政治社会利益和地位决定的。"立场"实质上是一个价值观问题，即对于"什么是有价值的""为什么人、做什么事是有价值的"的不同价值判断与价值选择。不同立场决定着人们认识世界的不同观点、不同态度，进而影响甚至决定了改变世界、进行实践的方式方法。在阶级社会中，立场并不是抽象化的，而是一个具体的、切实的存在，它主要通过主体所表现出的政治态度、阶级道德、价值标准流露反馈，其中最具有代表性的表现是主体的政治态度。换言之，在阶级社会中，最重要的是阶级立场、政治立场问题。"为什么人"的问题，是一个根本问题，一个原则问题。在阶级社会中，一个人或一个组织所提出的政治观点、政治主张和政治行为所代表的阶级、阶层或集团的利益，具有具体性、现实性和意识形态性，它是一切政治活动的出发点，任何一种政治活动总是从特定的政治立场出发，代表特定阶级的利益的。[①]

立场问题强调的是方向，厘清方向至关重要，方向决定着实际工作的性质与成败。只有解决好为什么人的问题，才能有效解决做什么和怎么做的问题。马克思17岁时，在中学毕业论文《青年在选择职业时的考虑》中提到，他愿选择最能为人类福利而劳动的职业，认为人类的幸福才是个人最大的幸福。但在当时，他的政治立场还仅仅是一种倾向，并没有真正坚定夯实。马克思在柏林大学就读期间，受周围环境影响，他广泛涉猎政治、哲学领域的知识，成为一名坚定的青年黑格尔学者，站在资产阶级激进主义立场批判宗教教义。毕业后，马克思进入莱茵报工作，担任《莱茵报》主编一职，在工作期间，马克

[①] 徐国民：《论马克思的理论立场与政治立场》，《求实》2011年第7期。

思真真切切地接触到了各种社会问题，其中就有在马克思思想发展史上颇为有名的"林木盗窃问题"。马克思开始慢慢形成自己的政治观点，表达其政治态度，在现实斗争面前动摇了他的黑格尔哲学信仰。在1842年10月写下的《关于林木盗窃法的辩论》文章中，他谴责立法机关偏袒林木所有者的利益，剥夺贫民捡拾枯枝等习惯权利。马克思开始研究贫苦劳动群众的物质生活条件，探讨物质利益与国家、法律的关系，公开捍卫贫苦群众的利益，不满并抨击普鲁士的国家和法律制度。尽管当时马克思已经认识到了整个社会的贫富差距与阶级悬殊问题，认识到了社会中存在等级差别，而这种等级差别背后就是差距悬殊的物质利益，私有制的存在使得人们将对于私人利益追求专注到极致，这种风气不仅影响了人们的思想与行为，甚至也支配着国家官员和立法机关代表的决策，但是，当时的马克思尚未把无产阶级看作一个崭新的社会阶级，而仅仅看作不良经济组织的无辜受害者。①

在1843年写成的《黑格尔法哲学批判》中，马克思开始了对法与政治的批判，他注意到了刚刚登上历史舞台的无产阶级，看到了这个"被彻底的锁链束缚着的阶级"的彻底的革命性。马克思指出，批判的武器当然不能代替武器的批判，物质力量只能用物质力量来摧毁；但是理论一经掌握群众，就会变成物质力量。批判的武器便是正确的理论，是理论层面的批判；武器的批判指的是革命的实践，是实践层

---

① 徐国民：《论马克思的理论立场与政治立场》，《求实》2011年第7期。

面的革新。理论掌握群众，便会成为不可小觑的物质力量，一方面表明了理论对于实践的指导价值，另一方面也阐述了人民群众的重要作用。由此，马克思进一步提出，哲学把无产阶级当作自己的物质武器，同样，无产阶级也把哲学当作自己的精神武器；思想的闪电一旦彻底击中这块素朴的人民园地，德国人就会解放成为人。要想得到革新与解放，正确的理论指导和拥有彻底革命性的阶级缺一不可，必得相辅相成，拥有彻底革命性的阶级以正确理论为武器，正确理论以这一阶级为冲锋陷阵的英武战士，才能赢得阶级的解放和社会的跨越式进步发展，也就是所谓的"哲学不消灭无产阶级，就不能成为现实；无产阶级不把哲学变成现实，就不能消灭自身"。自此，马克思的政治立场——无产阶级便实际上确立了，马克思主义的人民属性也由此确立了。

（二）雷锋精神与马克思主义人民属性

雷锋精神中最重要的精神品质就是全心全意为人民服务的价值观。雷锋曾在他的日记中写道：人的生命是有限的，可是为人民服务是无限的，我要把有限的生命，投入到无限的为人民服务中去……而这正是他短暂一生的缩影和写照。

提到雷锋，每个人的脑海中都一定会浮现出一个朴实、年轻的形象，他或是表情坚毅，身着军装，手握钢枪，或是笑容温暖，手里忙活着缝缝补补。他和那个年代大多数年轻人一样,爱好诗歌、爱好照相,却比大多数年轻人的思想觉悟和政治立场更加坚定。他说,我活着,只有一个目的,就是做一个对人民有用的人。马克思主义政党最鲜明的政治立场就是站在以劳动人民为主体的最广大人民群众的立场上,想人民之所想,密切联系群众、全心全意为人民服务,雷锋作为一名党员、一名共产主义战士,把"全心全意为人民服务"这九个字深深刻在了他的一生中。

当时社会上流传着一句话:"雷锋出差一千里,好事做了一火车"。这句表扬并不夸张。在学习《毛泽东选集》后,雷锋将心得记录下来,"我觉得要使自己活着,就是为了使别人过得更美好"。雷锋这种毫不利己、专门利人的价值选择甚至被一些人称为"傻事",将他称作"傻子"。面对他人的不理解,雷锋的回答是"有些人说我是'傻子'。其实他们是不知道我要把这些钱攒起来,做一点有益于人民、有利于国家的事情。如果说这就是傻子,我甘愿做傻子,革命需要这样的傻子,建设祖国也需要这样的傻子"[①]。雷锋做好事不留名,助人不图利,济困不求回报,正是他全心全意为人民服务精神的体现。在雷锋短暂的生命中,他始终与人民群众站在一起,把有限的生命投入到无限的为人民服务之中去,直到牺牲的前几天,他还在努力解答这个永恒的人生问题:"我活着是为了全心全意为人民服务,是

---

① 《雷锋日记》,远方出版社 2012 年版,第 34 页。

为了人类的解放事业——共产主义而奋斗。"①

雷锋始终站在最广大人民的立场上，将个人价值与社会价值紧密相连，立志一生为人民群众的幸福而努力，为最广大人民群众的根本利益而奋斗，雷锋精神处处体现人民属性，彰显马克思主义人民立场，闪耀马克思主义光芒。雷锋精神超越个人的无私性是内蕴有风向标的，即坚持在中国共产党的领导下向社会主义、向共产主义奋进，为全人类的共同幸福不断奋斗。第一，雷锋精神的人民性是以理想、本领和担当为其基本构成的。雷锋"一心向着党"，党的理想就是雷锋的理想。雷锋知道要建设好社会主义，必须具有过硬的本领，因此，他不放过任何一个锻炼本领的机会，并且比其他人更努力，更吃苦，用最短的时间学会、掌握每一种本领，展示出强烈的担当意识。理想、本领和担当这三者深深地刻画在雷锋的每一篇日记、每一件助人为乐的"小事"中。新时代传承弘扬雷锋精神，一是要借助雷锋精神、雷锋事迹进行鲜活的理想信念教育。理想信念是人生的导向标，打赢理想信念之战就能克服困难、破除一切阻碍，实现人生的超进。二是要借助雷锋精神、雷锋事迹淬炼广大人民群众的本领。淬炼出过硬的本领是坚守、追逐、实现理想的基石与关键。三是要借助雷锋精神、雷锋事迹培育广大人民群众的担当意识，实现对家事、国事、天下事的主动负责，积极担当。第二，雷锋精神的人民性是以坚定的核

---

① 《雷锋日记》，远方出版社2012年版，第150页。

心靶点、深刻的人文关怀及自觉的责任底线为基本结构的。雷锋精神坚定的核心靶点就是人民，坚持人民的本质立场。核心靶点对了，就能实现对个人的超越，摆脱私心的干扰。雷锋精神深刻的人文关怀就是继往开来、心怀天下的精神，不忘初心、砥砺前行的气质，眺望高远、敢于担当的品性。雷锋精神的责任底线就是能够自觉担负起历史重任，认清人类社会发展的规律。要做雷锋精神的种子，让雷锋精神世世代代弘扬下去，就是要让雷锋精神中的人民立场的观点、心怀天下与敢于担当的品性、遵守规律的自觉成为人民心中的种子，从发芽到开花再到结果，成为人民内心中一种自觉。

二、具有实践特性

20世纪60年代，一个代表着奉献的名字传遍了中华大地，这个名字就是雷锋；一种象征着奋斗的精神闪耀光芒，这种精神就是雷锋精神。这是一种强大的精神动力，以其特有的凝聚力和感召力，带动、鼓舞、鞭策着每一个革命战士，激励他们以更充沛的革命热情全身心地投入到社会主义革命和建设的伟大事业当中。直至今日，雷锋精神的价值仍未被磨灭掩藏，历经风雨考验，见证时代变迁，雷锋精神的光彩依旧。

雷锋精神是永恒的，之所以具有跨时代意义和永恒价值，是因为它一步一个脚印，扎实、有根底的实践态度；是因为它饱含默默付出的奉献精神，与马克思主义实践观的要求表现出一致性，拥有丰富的实践价值和实践意义。

（一）马克思主义实践观

马克思主义实践观诞生于19世纪40年代，产生于近代科学技术进步、机器大工业生产蓬勃发展和无产阶级革命浪潮日趋高涨的时代背景之下[①]，是马克思和恩格斯在批判地吸收以往哲学理论体系的合理内容，特别是在批判地改造黑格尔和费尔巴哈实践观的基础上进行新的理论创造的伟大成果。马克思主义实践观是科学的实践观，是马克思主义哲学的理论基础、精髓和核心内容，它贯穿于马克思主义哲学始终，是研究马克思主义哲学的钥匙。

马克思主义实践观认为，实践活动是人类认识世界、把握世界、改造世界的一种基本方式，是人类特有的一种"感性活动""对象性活动"。实践活动是在意识的指导下进行的有目的、有计划的人类自由自主自觉地认识世界、改造世界的活动，这一点与动物本能性不同。同时，实践活动是实实在在的对象性活动，在环境的影响下的人与外部世界之间相互作用的感性活动，有落实的行为，这一点与精

---

① 汪信砚：《马克思主义实践观及其时代发展》，《理论前沿》2007年第8期。

神活动不同。通过这种活动，人类不仅改变了外部世界，也改变了自己。人们只有在一定的社会联系和社会关系中才能对自然界产生影响，才能进行生产。因此，生产过程就包括了人与自然界的关系和人与人的关系。随着对人与自然界之间关系的改造和发展，人与人之间的关系也会得到改造与发展。

马克思主义所讲的实践就是人们从事的改造自然、改造社会和改造人自身的，人与对象、主体与客体之间通过相互作用而实现的感性物质活动，是人类获得生存、发展和解放的社会历史进程。[①]科学实践观是马克思主义哲学的基础和首要观点，它实现了"本体论"和"认识论"的统一。科学实践观确立了实践是认识的基础地位，实践决定认识，即认识源于实践，实践是认识发展的动力；阐明了实践是认识真理的标准，即实践是检验真理的唯一标准；指出了认识对于实践的指导作用，即实践是认识的目的。

（二）雷锋精神与马克思主义实践观

雷锋以"把自己的毕生精力和整个生命为人类的解放事业——共产主义全部献出"为追求，在生活和工作中，以共产主义思想统率自己的具体行动，时时处处想的是为人民做实事，做好人民勤务兵，做好革命螺丝钉，无私地对社会进行奉献。

---

① 吕晓丹：《马克思主义实践观及其在中国的发展》，《前沿》2007年第3期。

在工作中，他忠于职守，在平凡的岗位上做出了不平凡的事迹。他发扬"螺丝钉精神"，干一行爱一行、专一行精一行，无论做什么工作，都怀揣一片热诚，埋头苦干，忘我工作。在学习中，他刻苦钻研，秉承钉子精神，挤时间、钻学问，学习革命理论，用先进的科学的理论知识武装自己，学习专业知识。他不仅自己一心向学，还主动承担起帮助战友学习的任务，带动周围人一同进步，增强综合素质。在生活中，他勤俭节约、与人为善。"新三年，旧三年，缝缝补补又三年"是雷锋生活作风的真实体现，他不追求外在的富贵荣华，而是坚持艰苦奋斗，在严格要求自己的同时，与人为善，做好事不求回报，愿做"无名英雄"一心默默付出是雷锋为人处世的态度。他坚持从自我做起，从小事做起，先人后己，以助人为己任，以他人的幸福作为自己的幸福，时刻帮助有困难的人。他自己省吃俭用，却把辛苦积攒下来的钱毫无保留地捐给公社，帮助公社搞建设，把工资捐给政府支援救灾，战友家里遇到困难他以战友的名义寄去自己的津贴，在车站遇见弄丢车票的大嫂便拿出自己的钱帮助她买票，帮助战友缝洗被子，义务帮助工人搬砖搞生产……

雷锋精神之所以能在当时产生巨大的感召力和号召力，起到鼓舞和激励作用，正是因为雷锋并没有将为人民服务、为党和人民的事业奋斗终身的理想信念隐于心中，而是切实付诸实践。雷锋精神之所以能成为一面永不褪色的旗帜，正是因为其实践特性。虽然学习和解读的侧重点有所不同，但雷锋精神的内涵本质从未改变，其与人为善的助人为乐精神、忘我工作的实干精神、刻苦学习的钉子精神等优良品质，无论在何时何地都有传承、学习进而转化为实践的意义与价值。

三、体现中国共产党人的宗旨、信念与伟大情操

雷锋精神植根于中华大地，是在中国这块特定的具有悠久历史文化道德的土壤中孕育的、具有鲜明中国特色的先进文化，是中华民族精神在社会主义革命和建设时期的熔铸和升华，是中国共产党革命文化和社会主义先进文化的凝练与结晶。

雷锋精神是在我国社会主义革命和建设时期产生的，自其诞生之日起，就深深地打下了中国化马克思主义的烙印，其产生的理论基础，离不开马克思主义中国化理论；其传承与丰富发展，离不开中国和马克思主义理论的深化与时代化理论革新。

（一）雷锋精神体现了中国共产党人的宗旨和信念

雷锋曾在日记中写道："我是一个共产党员，是人民的勤务员。为了党和人民的事业，就是入火海上刀山，我甘心情愿，头断骨粉，身红心赤，永远不变。"[①] 雷锋之所以能够书写不平凡的人生，雷锋

---
① 《雷锋日记》，远方出版社2012年版，第38页。

精神之所以能够产生巨大的感召力与号召力，与共产主义理想信念和全心全意为人民服务根本宗旨两方面的共同引领是分不开的。

实现共产主义，是马克思主义最崇高的社会理想，征途漫漫，唯有奋斗，秉承坚不可摧的信念，不忘初心、牢记使命，砥砺前行方能有所进益。作为一名共产主义战士，雷锋终其一生践行着"为伟大的共产主义事业而奋斗"的理想信念，始终把自身命运同党的事业紧紧联系在一起，不顾私利，一心为党，"坚决听党的话，一辈子跟党走"，时刻保持共产党员的政治本色，坚守、发扬共产主义精神，如同一面永不褪色的旗帜，立下了铭刻着共产主义理想信念的不朽丰碑。

雷锋积极探索"废物利用"的各种方法，为国家节省资金

爱党、爱人民，是雷锋的信仰与为人处世的信条。20世纪60年代初，正是国内经济发展受困时期。从小受苦受穷的雷锋，对于新中国有着深厚的感情，面对国家的困难，雷锋牢记共产党员的使命，秉持共产党员的担当，时刻牢记为人民服务，坚定站在最广大人民的立场上，时刻帮助人民，处处雪中送炭。

"全心全意为人民服务"是毛泽东思想的精华，也是贯穿雷锋精神的主线，雷锋热爱学习，深入研究毛泽东同志著作，树立了为人民服务的价值观，并将思想转化为实际行动，时刻鞭策自己，把有限的生命投入到无限的为人民服务之中去。正如雷锋所说："活着就是为了使别人过得更美好。"他克服困难掌握更好为人民服务的本领，将其一生奉献给了为人民服务的伟大事业。

（二）雷锋精神体现了中国共产党人的道德情操

雷锋精神时至今日其光辉仍旧未减，这种价值是能够跨越时空的，虽然在不同的时代背景之下，对于雷锋精神的学习与传承有不同的侧重，但丰碑不朽，雷锋精神本身不是一种凝固僵化的道德教条，而是一个与时俱进的精神标杆。[1]

雷锋精神是社会主义核心价值观的生动诠释和形象代表，其爱党

---

[1] 林少红：《"雷锋精神"：社会主义核心价值体系的生动展现》，《福建省社会主义学院学报》2012年第3期。

爱国爱民的理想信念与社会主义核心价值观的价值目标吻合，其艰苦奋斗、自强不息的敬业精神与社会主义核心价值观的精神动力一脉相承，其助人为乐、服务人民的奉献精神与社会主义核心价值观的道德准则高度契合。

雷锋精神是中国精神不可或缺的重要组成部分，是民族精神的集中体现，是时代精神的荟萃。饱含感召力和巨大影响力的雷锋精神，是凝聚中国力量的强大源泉，为汇聚起源源不断的中国力量提供支撑与切实的精神保障。

第二节　雷锋精神传承中华优秀传统文化

中华文化博大精深、源远流长，而传统美德更是5000年光辉岁月在中华大地这片热土上孕育出的瑰宝。广大劳动人民在长期生产生活实践中，创造了极具中国特色又为世界各国广为传颂的中华优秀传统文化。随着岁月更迭，中华优秀传统文化在时代的演进下得到传承与发展，仁爱孝悌、谦和好礼、诚信知报、精忠报国、克己奉公、修己慎独、见利思义、勤俭廉政、勇毅力行……这些优秀的道德遗产汇聚了中华文化的魅力与价值，使不同时代、不同处境、不同信仰的华夏儿女的心灵得到净化，精神得到振奋，斗志受到鼓舞。[①]

在华夏大地上诞生的雷锋精神并不是无根之木、无源之溪。数千年传承至今的中华优秀传统文化早已在这片热土上厚植了传统美德的

[①] 田鹏颖：《"雷锋精神"展示中华优秀文化的永恒魅力》，《思想政治教育研究》2012年第2期。

氛围，在每个华夏儿女心中埋下了深厚的道德意识的种子。雷锋精神根植于中华优秀传统文化，是对传统道德的凝练和融会贯通，是对中华民族传统美德的升华与超越。

一、雷锋精神与爱国

"忠孝"思想是中华传统文化的集中体现，"忠"指的是忠君，这虽是封建社会政治意识形态落后的一大表现，但忠君思想也同时蕴含了深厚的爱国情怀，是自古以来志士仁人秉承和追求的最高政治理想。无论是司马迁的"常思奋不顾身，而殉国家之急"、诸葛亮的"鞠躬尽瘁，死而后已"，还是岳飞的"精忠报国"，或者是顾炎武的"天下兴亡，匹夫有责"、林则徐的"苟利国家生死以，岂因祸福避趋之"，表达的都是先贤们的满腔爱国情怀，孕育报国志向，练就爱国品行，投身报国实践，忧国忧民，以天下为己任，在国家危难之时，愿做雪中送炭人，肩负起为民族大义而牺牲小我的重担，在国家富强之日，也秉持公而忘私的爱国情操，立志成为锦上添花者，为祖国的繁荣发展增光添彩。

爱国情怀是中华民族最为鲜明的精神标识、最为深沉的道德境界、最为深厚的传统美德。对党和祖国的热爱与忠诚，是雷锋精神的重要内涵。雷锋在为人处世中，时时处处体现出主人翁意识和集体主义精神,"我们是国家的主人,应该处处为国家着想,事事要精打细算。"①雷锋始终不渝的爱国情怀使他一心为国为人民,以一颗爱国爱党的赤子之心,将自身利益和集体利益高度融合,坚持把国家利益放在首位,为党和国家事业无私地奉献了自己短暂的一生。雷锋,是爱国主义精神的忠实践行者。

二、雷锋精神与仁爱

"仁爱"是中国传统儒家文化思想的重要品质,是中华优秀传统文化的瑰宝。"仁"即"爱人",是"仁者爱人",以"己欲立而立人、己欲达而达人"为基本内涵,指的是要有同理心,真心实意地站在他人的立场考虑问题,自己想要成功,也应帮助他人一同成功,自己想做事通达,也应使他人通达。儒家所提倡的"仁"是道德体系中的最高道德原则、道德标准和道德境界,包括恭、宽、信、敏、惠等内容。

雷锋精神的实质是全心全意为人民服务,而全心全意为人民服务正是最高层次、最高境界的"仁爱",站在广大人民群众的立场上,为广大人民群众的根本利益努力奋斗,关注人民群众最直接、最现实、最关心的利益问题,从身边一点一滴的小事做起,仁爱之心见于心,爱人之情见于行,俯身踏实做人民群众的勤务兵。雷锋自儿

---

① 《雷锋日记》,远方出版社2012年版,第75页。

时起，就踏上了为人民服务的道路，主动背同学过河、帮生病的同学补课，扶老携幼，把同学的困难视为自己的困难，以同学的快乐为最大的幸福。长大后参军入伍，更不忘帮助人民群众，将棉衣手套送给严寒中的老人，帮助战友缝洗被子，主动担起帮助战友学习文化的任务，用自己的微薄津贴帮助大嫂买票……他对待同志有如春天般温暖，夏天般热情，他从未有一刻停止过努力提高为人民服务的本领的脚步，"我爱全国人民，爱全世界的劳苦大众。他们都是我的亲人，我要为他们的自由、解放、幸福而贡献自己的毕生的全副精力，直至最宝贵的生命。"时任抚顺市人大代表的雷锋如是说。雷锋终其一生践行了"仁爱"这一中华传统美德，以自身的实际行动将仁爱精神充分继承并发扬传播。

雷锋利用休息时间帮战友洗衣服

三、雷锋精神与自省

"自省"指的是自我评价、自我反省、自我批评、自我调控和自我教育的态度与行为，是中华传统美德之一。自省强调的是自我道德修养的培养，《论语》中有"吾日三省吾身"，就是在阐发自省的态度。"自省"是个体自我能动性的体现，是主观自觉行为，自省的品质可以使人及时发现自身问题，并有效寻求解决方案以调节自我行为。孔子曾道："见贤思齐焉，见不贤而内自省也。"自省一直是中国人德行修养的标准之一，看到优秀的人应当向他看齐，见到没有德行的人便要自我反思。正如朱熹所言："日省其身，有则改之，无则加勉。"又如荀子言："君子博学而日参省乎己，则知明而行无过矣。"善于自省，方能知责思为，有所进益。

雷锋曾在日记中写道："一个人的作用，对革命事业来说，就如一架机器上的一颗螺丝钉。机器由于有许许多多螺丝钉的连接和固定，才成了一个坚实的整体，才能够运转自如，发挥它巨大的工作能力。螺丝钉虽小，其作用是不可估计的。我愿永远做一个螺丝钉。螺丝钉要经常保养和清洗，才不会生锈。人的思想也是这样，要经常检查才不会出毛病。我要不断地加强学习，提高自己的思想觉悟，坚决听党和毛主席的话，经常开展批评与自我批评，随时清除思想上的毛病,在伟大的革命事业中做一个永不生锈的螺丝钉。"[1] 螺丝钉唯有时常保养清洗,才不会生锈,同理,人只有不断自省,将批评与自我批评工作常态化,才能不走错路,真正有所作为。刚参加工作时,在几位同志的热情邀请下,雷锋终于下定决心为自己添置了一件皮夹克、一件料子裤、一双牛皮鞋,他虽十分喜欢,但总觉得不自然,很少穿出门去。到鞍钢工作时,雷锋接到了县领导的信,鼓励他艰苦奋斗、努力工作。对此,雷锋进行了深刻的自我批评,认为自己刚刚参加工作,并没有为祖国发展尽到全部力量,反而讲究吃穿,忘记根本,便将皮夹克、料子裤收了起来。雷锋在工作上,向积极性最高的同志看齐;在生活上,向水平最低的同志看齐,克己奉公,充分发扬"螺丝钉精神",时刻准备着为党和阶级的最高利益,牺牲个人的一切,直至生命,把个人融入集体和人民的事业之中。

四、雷锋精神与好学

"好学"指的是专心追求学问,热爱学习,善于学习,对于学习有高度的自觉性。自古先贤便以"好学"为行为准则,以"学好"为自身追求,唯有好学,才可明理、增智、解惑、辨是非,培养优秀的品德。《论语·公冶长》中有:"敏而好学,不耻下问,是以谓之文

---

[1] 《雷锋日记》,远方出版社2012年版,第135页。

也。"北齐名士颜之推的《颜氏家训·勉学》中道:"初为阉寺,便知好学,怀袖握书,晓夕讽诵。"宋真宗赵恒在《励学篇》中道:"富家不用买良田,书中自有千钟粟。安居不用架高楼,书中自有黄金屋。娶妻莫恨无良媒,书中自有颜如玉。出门莫恨无人随,书中车马多如簇。男儿欲遂平生志,五经勤向窗前读。"站在时代的角度道出了好学的重要性。宋代大家欧阳修《归田录》卷二中云:"圣俞在时,家甚贫,余或至其家,饮酒甚醇,非常人家所有,问其所得,云:'皇亲有好学者,宛转致之。'"《东周列国志》第九十九回有:"(吕)不韦曰:'王孙贤孝无比,每遇秦王太子及夫人寿诞,及元旦朔望之辰,必清斋沐浴,焚香西望拜祝,赵人无不知之。又且

雷锋在休息时间认真总结学习心得笔记

好学重贤，交结诸侯宾客，遍于天下，天下皆称其贤孝。以此臣民，尽行保秦。"清代王士禛在《池北偶谈·谈艺五·退谷论经学》中道："时先生已七十有九，读书日有程课，著述满家，可谓耄而好学者矣。"罗雅臣在《清儒人袁雅堂（袁可立七世孙）墓表》中描绘了发奋好学的情形："及公身，当家道中落之后，立志自愤，敏而好学，月寒露冷，不懈不倦。"

中国自古注重读书，好学不仅代表着对于学习和知识的渴望，也代表着发愤图强、积极向上的精神面貌，好学能使人真正成为人，知书明理，掌握学识，以更好地投身社会，服务人民。雷锋精神充分包含了好学的品格态度。雷锋曾在日记中写道："有些人说工作忙、没时间学习。我认为问题不在工作忙，而在于你愿不愿意学习，会不会挤时间，要学习的时间是有的，问题是我们善不善于挤，愿不愿意钻。一块好好的木板，上面一个眼也没有，但钉子为什么能钉进去呢？这就是靠压力硬挤进去的，硬钻进去的。看来钉子有两个长处：一个是挤劲，一个是钻劲。我们在学习上，也要提倡这种钉子精神，善于挤，善于钻。"[1]雷锋一生都秉承着不断学习的钉子精神，无论在什么工作岗位上，他的业余时间基本都用于学习，充分体现出这股挤劲，争分夺秒学知识。他学习先进理论以武装思想，学习专业知识以更好工作，学习为人民服务的本领以帮助群众。雷锋曾说："要以

---

[1]《雷锋日记》，远方出版社2012年版，第101页。

马克思列宁主义、毛泽东思想来作你自己的思想行动的指导，真正做到言行一致。"[①]雷锋的学习并没有停留在"知"本身，而是要力求践"行"，将所思所学运用到实践中去，不仅"好学""学好"，并且真正做到了"学以致用"。

五、雷锋精神与勤俭

勤俭节约、艰苦朴素是中华民族的传统美德。古人云："俭，德之共也；侈，恶之大也"，"历览前贤国与家，成由勤俭破由奢"。老子主张"见素抱朴，少私寡欲"，把"俭"作为三宝之一，反对无节制的消费，"罪莫大于可欲，祸莫大于不知足，咎莫惨于欲得"。孔子称赞颜回"一箪食，一瓢饮，在陋巷，人不堪其忧，回也不改其乐。贤哉回也！"诸葛亮"静以修身，俭以养德。非淡泊无以明志，非宁静无以致远"。司马光《训俭示康》"以俭立名，以侈自败"。朱柏庐《治家格言》中有"一粥一饭当思来之不易，半丝半缕恒念物力维艰"。小到一个人、一个家庭，大到一个国家、整个社会，想要生存、发展，就离不开"勤俭节约"这四个字。勤俭节约、艰苦朴素不仅是中华优秀传统美德不可或缺的重要组成部分，更是对中华民族精神的集中诠释，历经千年传承深深镌刻于每一个中华儿女的心中，

---

① 《雷锋日记》，远方出版社2012年版，第22页。

更是中国共产党人的传家宝，承载和依托着中国共产党革命精神，深深浸入中国共产党人的骨髓。①

勤俭节约、艰苦朴素是雷锋精神的深厚底蕴。出生在湖南省长沙市望城县一个贫苦农民家庭的雷锋，从小受尽苦难，深知一粥一饭来之不易，对于新中国成立后的好日子心怀感恩，对于新中国有着十分深厚的感情。20世纪60年代初，正值国家发展受阻，困难重重之时，雷锋以高度的主人翁意识，处处为国家着想，事事要精打细算，不肯有一丝一毫的浪费。"新三年，旧三年，缝缝补补又三年"是雷锋日常生活的写照。雷锋对于自己的要求非常严格，把物质水平的追求降到最低，省吃俭用，艰苦朴素不忘本。他把连队发的新衣新鞋上交，袜子补丁加补丁，面盆换底再换底，行车不浪费一滴汽油，修车不乱丢一颗螺丝钉。②此外，他还有一个"百宝箱"，里面收集了他在生活中捡拾到的各式各样的小物件，他将这些物件认真保管好，待有用时便可派上用场。在不理解的人看来，雷锋的做法有些"小气"，甚至"吝啬"，但就是这样一位对己勤俭的人，在看到新成立的公社时，毫不犹豫地将自己辛苦攒下的100元钱捐出去，支援公社建设，帮助公社发展生产；在报纸上看到辽阳地区受到特大洪灾的新闻后，又

---

① 黄建国：《雷锋精神的思想文化源流：中华优秀传统文化》，《大连干部学刊》2018年第5期。
② 吴平祥：《雷锋精神与中国文化传统》，《福州大学学报》1994年第8期。

捐出自己的工资支援救灾；在车站换车时，看到大嫂丢了车票无法回家，主动掏出了自己微薄的津贴替她买票……雷锋精神中所包含的克己奉公、公而忘私的精神，不仅是对中华传统美德——勤俭节约、艰苦朴素的继承与发展，更是对勤俭这一优良传统的超越与升华。

第三节　雷锋精神传承弘扬了革命文化和社会主义先进文化

一、雷锋精神传承弘扬了革命文化

我国的革命文化是具有中国特色的革命文化，是中国共产党领导中国人民在伟大斗争中构建的文化，以马克思主义为指导，以"革命"为精神内核和价值取向，继承了中华优秀传统文化，借鉴了世界优秀文明成果。雷锋精神是中国革命文化的组成部分。

第一，从文字字面上讲，革命文化包含了希望、热烈、勇敢、创造、奋斗、牺牲等特性。雷锋精神传承了形成于新民主主义革命时期，丰富发展于社会主义革命和建设时期的革命文化，并在社会主义革命和建设时期、中国特色社会主义新时代得到传承与弘扬。这些革命文化加上改革开放和社会主义现代化建设时期我国各族人民的努力，共同组成在党和人民伟大斗争中孕育出的革命文化和社会主义先进文化。

第二，从精神内涵上讲，革命文化是在党和人民伟大斗争中孕育的，是用无数革命先烈的鲜血和生命铸就的。在中国共产党领导人民进行革命的不同阶段，形成了红船精神、井冈山精神、长征精神、延安精神、西柏坡精神等不同的表现形态。所有这些，包含雷锋精神在内，既是中国共产党人精神谱系的重要组成部分，也是中华精神的革命创造与薪火相传，展现出中国共产党人的理想信念、革命精神、品格情操和价值诉求。

第三，从革命实践上讲，革命文化是革命先辈实实在在奋斗出来的。在中国共产党的领导下，孕育出了雷锋不畏牺牲、乐于奉献的大无畏革命精神，坚忍不拔、勇往直前的奋斗精神，为民服务、勤俭节约的奋斗精神，这些都成为雷锋精神对革命文化的传承与弘扬的表现。同时，革命文化也为革命实践的发展提供动力，在雷锋精神的感召下，一代代雷锋茁壮成长。

二、雷锋精神传承弘扬了社会主义先进文化

雷锋精神作为中国共产党人精神谱系的重要组成部分，深刻传承并弘扬了社会主义先进文化。雷锋精神在脱贫攻坚、疫情防控等人民

战争中的时代再现，证明社会主义先进文化具有超越时空的生命力。

第一，雷锋精神彰显了马克思主义人民立场的内在要求。雷锋"把有限的生命投入到无限的为人民服务之中去"的崇高境界，生动诠释了社会主义先进文化中关于人民群众是历史的创造者的基本原理，体现了中国共产党全心全意为人民服务的根本宗旨。以人民为中心的价值取向，与西方的个人中心形成鲜明对比，凸显了中国特色社会主义制度优势。

第二，雷锋精神构建了集体主义道德实践的典范样本。"螺丝钉精神"体现出雷锋服从大局、甘于奉献的品质，将个体价值实现与集体利益发展辩证统一起来，这正是社会主义先进文化中关于人的社会本质理论的鲜活印证。在社会主义市场经济条件下，这种精神为平衡个体与集体、效率与公平提供了重要的道德参照系。

第三，雷锋精神创新了社会主义道德教育的实践路径。雷锋做好事不留名的行为模式打破了传统道德教育中形式主义的窠臼，通过日常生活化的实践将崇高理想转化为具体行动，验证了马克思主义认识论关于"实践第一"的观点。当前，雷锋精神正通过"互联网+公益"等新型传播范式，在Z世代群体中实现创造性转化，这种文化基因的现代激活，对于构筑中国精神、中国价值、中国力量具有重要意义。

第四，雷锋精神形成了跨越时间与空间的价值共鸣。作为社会主义先进文化的标识性符号,它既继承了中华民族"仁者爱人"的传统美德,又赋予了革命文化新的时代内涵,在构建人类命运共同体的实践中,持续焕发出促进国际人文交流的独特魅力。这种精神的持久生命力,充分证明了社会主义核心价值观的历史合理性和现实引领性。

第四章
雷锋精神的新时代意义

任何一个民族都需要精神力量。雷锋精神具有旺盛的生命力和强大的精神力量。在新时代，雷锋精神不仅传承中华优秀传统文化，体现以人民为中心的思想、引领社会风尚、符合思想政治教育要求，还为社会主义市场经济划定道德底线、为做好脱贫攻坚提供精神动力、为"中国制造"发展注入"工匠精神"、为企业文化提供价值取向选择，弘扬雷锋精神有助于提升党员党性修养，有助于培育"四有"军人和落实立德树人根本任务，走好新时代强军征程、写好新时代教育改革发展的奋进之笔。

第四章　雷锋精神的新时代意义

第一节　雷锋精神的历史地位

雷锋精神的实质和核心是为党和人民的事业无私奉献、默默付出，全心全意为人民服务的共产主义精神与态度。1963年3月，毛泽东同志题词"向雷锋同志学习"，号召全国人民学习雷锋的共产主义精神品质，向雷锋看齐。周恩来同志在题词中将雷锋精神概括为"憎爱分明的阶级立场，言行一致的革命精神，公而忘私的共产主义风格，奋不顾身的无产阶级斗志"。2013年6月，习近平总书记强调，雷锋、郭明义、罗阳身上所具有的信念的能量、大爱的胸怀、忘我的精神、进取的锐气，正是我们民族精神的最好写照，他们都是我们"民族的脊梁"。雷锋精神不仅是雷锋一生先进事迹的缩影和代名词，更是精神文明的同义语、先进文化的表征，在我国不同历史时期都具有重要地位。

雷锋在其一生中时时处处表现出为人民服务的大爱胸怀和无私精

神,其本质在于"忠于共产主义事业,毫不利己帮助别人,在各种不同的工作岗位上干一行爱一行,把有限的生命投入到无限的为人民服务中去,在平凡的工作中为社会主义、共产主义的事业而奉献自己的力量"。雷锋精神绝不是凭空产生的,它扎根于独特的政治历史背景,其产生与丰富发展无不传承了中华优秀传统文化,反映着人民思想,引导着社会风尚,并符合思想政治教育要求。

一、传承中华优秀传统文化和革命文化

中华传统文化源远流长,博大精深,在实践的历史长河中形成了为世人所认可的传统美德。如"国而忘家,公而忘私""鞠躬尽瘁、死而后已"的无私奉献的爱国主义精神,以恭、宽、信、敏、慧为基本内涵的仁爱思想,"吾日三省吾身"严于律己的自省精神,悬梁刺股、凿壁偷光的好学精神,"静以修身、俭以养德"的勤俭节约精神……它们共同构成中华优秀传统文化,这些宝贵的精神穿越历史熠熠生辉。雷锋精神是中华文化不断发展同中国革命实践相结合的产物,传承了中华优秀传统文化中的爱国、仁爱、自省、好学、勤俭等精神,是中华文化在社会主义革命和建设时期的具体表现。雷锋精神融汇了中华优秀传统文化的精华,以极大的凝聚作用汇入全国人民的精神支柱。雷锋身上所体现的奉献精神、钉子精神、吃苦耐劳精神

等，处处浸润着中华优秀传统文化的印记，是对中华优秀传统文化的弘扬。

除了中华民族5000多年文明历史所孕育的中华优秀传统文化，中国特色社会主义文化中还熔铸着党领导人民在革命、建设、改革中创造的革命文化。雷锋精神传承并发展了革命文化，体现出憎爱分明的阶级立场、言行一致的革命精神、公而忘私的共产主义风格和奋不顾身的无产阶级斗志。习近平总书记指出："不忘本来才能开辟未来，善于继承才能更好创新。"[①]我们应继承与弘扬雷锋精神，使用好这一宝贵精神财富，以文化人、以文育人。

二、体现全心全意为人民服务的宗旨

20世纪60年代初，国家面临着粮食紧缺、棉花减产、苏联撤走专家等内忧外患局面，迫切需要一股对党忠诚、乐于奉献、吃苦耐劳的精神力量渡过难关。在这样的社会背景下，雷锋的事迹深入人心，家喻户晓，雷锋精神诞生了。自此，在我国各个发展阶段，都能看到党员干部为人民服务、践行雷锋精神的身影。雷锋是一个时代的楷模，雷锋精神是永恒的。实现中华民族伟大复兴，要不断闯关夺隘，需要

---

① 《习近平新时代中国特色社会主义思想学习纲要》，学习出版社、人民出版社2019年版，第146页。

更多的时代楷模。我们要见贤思齐,把雷锋精神代代传承下去。

作为先进青年,雷锋清醒地意识到新中国面临着建设重任,他胸怀共产主义理想,勤于学习、吃苦耐劳、无私奉献、全心全意为人民服务,把自己的全部人生都奉献给热爱的事业。雷锋的事迹一经报道便引发了巨大的共鸣,全国掀起了"向雷锋同志学习"的热潮。之所以会引发这样的反响,正是因为雷锋用实际行动践行了新中国人民共同的期盼,集中反映了人民群众的现实愿望,让广大人民群众意识到建设社会主义需要每一个人在自己的岗位上辛勤付出。我们既要学习雷锋的精神,也要学习雷锋的做法,把崇高理想信念和道德品质追求转化为具体行动,体现在平凡的工作生活中,在为人民服务的征途中,作出自己应有的贡献,把雷锋精神代代传承下去。

三、引导社会主义新风尚

雷锋作为一个道德模范榜样,具有强大的精神号召力量,引导着一代代人为社会主义事业奋斗。雷锋精神所体现的助人为乐、先人后己、爱党爱国、勤俭节约等精神构成了一个时代的主旋律,引领了一个时代的社会风尚。20世纪60年代初,我国已经建立起社会主义制度,进入社会主义建设探索时期,广大人民群众为社会主义建设事业奋不顾身,"向雷锋同志学习"的浪潮也达到顶峰,整个社会都充满学习雷锋服务人民、团结友善、吃苦耐劳、公而忘私的良好社会风气。在雷锋精神的倡导下，王进喜、邓稼先、焦裕禄、陈永贵等一大批建设社会主义的先进人物如雨后春笋般涌现出来，他们像雷锋一样，在自己的岗位上、在自己的人生中无私奉献、兢兢业业，将自己与国家的命运紧紧联系在一起。与此同时，也涌现出一大批自力更生、艰苦奋斗的优秀青年，虽然他们的经历不同、岗位不同，但是在他们的身上都体现着雷锋精神，他们都具备雷锋精神的良好品格。

经过各个时期的发展，我国经济实力、科技实力、综合国力跃上新的大台阶，全面建成小康社会的第一个百年奋斗目标宣告取得胜利，中华民族伟大复兴又向前迈出了新的一大步，迈向实现第二个百年奋斗目标的新征程，社会主义中国以更加雄伟的身姿屹立于世界东方。当前和今后一个时期，我国发展仍然处于重要战略机遇期，奋进全面建设社会主义现代化国家新征程，要继续发扬雷锋精神，坚持党的全面领导，坚持以人民为中心，同心同德，顽强奋斗，创造新的历史伟业。

四、符合思想政治教育的要求

雷锋精神作为我国先进意识形态的一部分，它的产生有一定的社会基础和思想基础。从对美好生活的憧憬到为实现共产主义远大理想而奋斗，从加入共产党到永远追随党、守护坚定信仰，从对中华优秀传统文化的不自觉继承到树立公而忘私、先人后己、勤俭节约、艰苦奋斗的共产主义高尚品德，努力学习革命理论，刻苦钻研科学技术，用"挤"和"钻"的钉子精神练就为国家为人民服务的好本领等，这些都体现了雷锋精神从平凡到伟大的升华。雷锋的高尚品德是在中华传统美德的基础上，在党的教育下逐步形成的，也正因如此，雷锋精神是符合新时期思想政治教育要求的，是符合我国现阶段不同阶层人物实际思想状况的。

新中国成立初期，很多人对共产主义充满了怀疑，也有部分激进人士认为，新中国要想摆脱贫穷落后的局面就必须完全摒弃封建社会的一切。这些质疑与偏激的声音在一定程度上阻碍了社会主义建设的进程，在新中国攻坚克难的关键期需要为人民群众注入新的思想，雷锋精神应运而生。雷锋身上体现出的种种优秀的品德与精神，印刻着中华优秀传统文化的烙印，为人民群众注入了文化自信的力量。在当时计划经济体制下，党和国家急需调动人民群众的工作积极性，而雷锋的事迹极具代表性与先进性，具有很强的思想政治教育价值。雷锋精神是重要的育人资源，相比传统的思想政治教育说教模式、单纯的理论灌输，在全社会号召广大人民群众向雷锋学习、践行雷锋精神更有效果。雷锋对党和国家的热爱以及为共产主义事业奉献自身的行为深深震撼着广大人民，通过宣传雷锋精神及其事迹，可以激励大家向雷锋看齐，以雷锋为榜样，做合格的社会主义接班人。2018年，习近平总书记在全国教育大会上强调，培养什么人，是教育的首要问题，要培养一代又一代拥护中国共产党领导和我国社会主义制度、立志为中国特色社会主义奋斗终身的有用人才。[①]高校肩负着人才培养等重要使命，雷锋精神对于教育培养为中国特色社会主义奋斗终身的有用人才，对于达到新的要求有良好的促进作用，对中国特色社会主义事业能否后继有人具有重要意义。

---

① 《坚持中国特色社会主义教育发展道路 培养德智体美劳全面发展的社会主义建设者和接班人》，《人民日报》2018年9月11日。

第二节　雷锋精神的时代价值

雷锋精神，是全面建设社会主义现代化国家、全面推进中华民族伟大复兴的重要精神力量。雷锋身上所体现的昂扬精神斗志、高尚道德品质、艰苦奋斗决心、坚定理想信念等优秀品质是社会主义核心价值观的生动体现。新时代学习弘扬雷锋精神，有助于形成全社会奋发向上的磅礴力量，激励广大青年踊跃投入社会主义伟大事业。

一、对推动社会主义市场经济发展具有促进作用

马克思主义认为，经济基础决定上层建筑，上层建筑对经济基础具有反作用。雷锋精神作为精神文明的一部分，对经济发展具有积极的推动作用，尤其是雷锋精神的内涵在变迁中不断丰富和发展，反映了社会主义市场经济发展对道德的要求。弘扬雷锋精神有助于企业提

质增效、培育工匠精神、引领企业文化的发展。

（一）为社会主义市场经济发展划定道德底线

雷锋精神作为社会主义核心价值观的生动体现，闪耀着中华优秀传统文化和时代精神的光辉，在社会主义市场经济条件下弘扬雷锋精神，有助于号召每一个生产经营者在激烈的市场竞争中自觉坚持平等的原则，公开性原则和规范性原则等。首先，坚持先义后利的从商原则。雷锋为人处世坚持先人后己，在他的心里永远把别人的需要放在第一位，把自己的利益放在最后。雷锋这种先人后己的精神放在社会主义市场经济条件下便是强调先义后利，应在保证产品质量，不违背社会公德、法律法规、他人合法权益的基础上进行良性竞争。其次，

雷锋在缝补衣物

要具备集体主义和爱国主义意识。雷锋一生都将国家利益与集体利益置于首位，社会主义市场经济的经营主体应明确权利与义务，正确处理好国家、集体与个人之间的关系，从全局利益出发，在正当竞争的基础上共同抵制扰乱市场经济秩序的行为。

（二）为企业提质增效提供精神动力

勤俭节约、艰苦朴素是雷锋精神中极具特色的内容。20世纪60年代，正值国家发展处于困难时期，雷锋尽全力削减自己对物质的追求，将有限的资源留给国家和更有需要的人。进入新时代，我国社会主要矛盾从人民日益增长的物质文化需要同落后的社会生产之间的矛盾转化为人民日益增长的美好生活需要和不平衡不充分的发展之间的矛盾，生产力水平不断提升，人民的物质文化需要基本可以得到满足，转而开始了更高层次的追求。在这个过程中，铺张浪费的现象日渐频繁，企业的发展受市场竞争等因素的影响也存在一些挑战，需要想办法提质增效，以更好地为中国特色社会主义建设贡献力量。在这种情况下，倡导勤俭节约、艰苦朴素的雷锋精神尤为必要，忆苦思甜方能有所进益。铺张浪费绝非小事，只有杜绝"中国式剩宴"，才能进一步凝聚党心民心，实干兴邦。雷锋精神还强调"干一行爱一行、专一行精一行"和"爱岗敬业、公而忘私"的"螺丝钉精神"。在新时代，更需要有恪尽职守、兢兢业业的工作态度，致力于在平凡岗位上做出不平凡的业绩,将个人价值融入国家富强、民族振兴的伟大实践当中,为社会进步发展贡献不平凡的力量。

(三)为中国制造铸入工匠精神

中国自古以来就注重工匠精神,商朝的妇好鸮尊、春秋的越王勾践剑、战国的曾侯乙编钟、西汉的长信宫灯等,都是孕育中华民族工匠精神的瑰宝。工匠精神是中国制造前行的精神源泉。中国制造由大向强在根本上要依靠亿万劳动者兢兢业业、勤勤恳恳,创造性地做好本职工作,这就格外需要精神的统摄和引领,激发民族制造的内生精神动力,凝成一股革故鼎新的时代风貌,形成一种崇尚精良制造的国风、国韵与国魂。这种制造精神与雷锋精神是契合的,雷锋身上的吃苦耐劳、爱岗敬业、热爱祖国等是制造精神的核心内容。要有雷锋般的吃苦耐劳精神,要有"十年磨一剑"的坚韧精神,要能接受苦环境,承担苦任务;要有雷锋般的爱岗敬业精神,每一个人在面对自己的工作时要满怀热爱之心;要有雷锋般的钉子精神,干一行爱一行,对每个环节、每个产品都体现有一种责任感;要有雷锋般的热爱祖国精神,爱国精神与道德职业素养是息息相关的。中国制造承载着祖国的尊严和荣誉,每一位劳动者都应像雷锋那样处处为国家着想,具有强烈的主人公意识与责任感,为向制造强国迈进贡献力量。

（四）为企业精神提供价值取向选择

当下，越来越多的企业在商业竞争中开始注重自身文化的塑造，提高文化的附加值成为企业核心竞争力的重要内容。雷锋精神为企业精神提供了明确的价值取向选择，为企业的长远发展奠定了基础。

首先，雷锋精神与企业精神的功能是一样的，都是一种精神理念，能够凝聚人心、指引行为。凝聚企业精神文化的目的便是凝聚员工的力量，指导企业精神文化活动，这种企业精神必定是积极的向上的，必须是为众人所认可的。雷锋精神作为一种几十年来被广泛认可的、具有正能量的精神力量，恰好可以指导企业精神的选择。其次，雷锋精神的内涵与企业精神的构成要素基本一致。雷锋精神中内含企业文化所需要的团结精神。雷锋认为，"一滴水只有放进大海里才不会干；一个人只有当他把自己和集体事业融合在一起的时候才能最有力量"[1]，这种集体主义精神与企业所追求的团结精神、友爱精神是相吻合的，作为企业的员工，在工作中一定要有团队意识，愿意为团队荣誉而奋斗，在与同事的相处中要学会关心、照顾他人。雷锋身上的利他精神在企业中表现为客户至上原则。除此之外，雷锋的吃苦耐劳、爱岗敬业精神，也是企业所应倡导的企业精神的重要内容。

---

[1] 《雷锋日记》，远方出版社2012年版，第12页。

二、对青年成长具有激励作用

雷锋作为道德模范，是一代人学习的榜样，在新时代弘扬雷锋精神，不仅对推动社会主义市场经济发展具有促进作用，更对青年的成长成才具有重要激励作用。

（一）引导青年在精神上积极向上

精神状态不仅会影响到青年人自身的健康、学业、社交能力和发展潜能，甚至会影响社会经济和文化的发展进程，给家庭、社会带来全面且深远的影响。雷锋作为道德楷模的光辉典范，其精神对于引导青年积极向上具有重要作用。

雷锋精神为青年人生价值的选择指明了方向。雷锋精神中无私奉献、先人后己、不求回报等高尚品质彰显了人生价值的重要内容和尺度，为道德选择指明了方向，指引青年做一个"大写"的人、做一个高尚的人，做一个明辨是非、脱离低级趣味的人。

雷锋精神有利于增强青年对社会主义核心价值观的认同。社会主义核心价值体系是兴国之魂，是社会主义先进文化的精髓，决定着中国特色社会主义发展方向。如何让青年理解社会主义核心价值观的内涵及其对当代中国的重要意义，并逐渐将其内化于心、外化于行，是弘扬社会主义核心价值观的重要一环。雷锋作为一名共产主义战士，其坚定的信念、无私的行为是对社会主义核心价值观的生动诠释，其平凡的身份让人感到可亲可近、可学可追。因此，弘扬雷锋精神有利于增进青年对社会主义核心价值观内涵的理解与认同，并在生活中积极践行社会主义核心价值观。

（二）引导青年在生活中乐于助人

乐于助人是雷锋最朴素的道德品质，只要看到有人需要帮助，雷锋总是会伸出援手。助人为乐的精神一直都是人们倡导的，在每年的"雷锋月"，会有很多来自各行各业的志愿者去福利院探望孤寡老人、去交通拥堵的十字路口协助交警、帮清洁工清扫马路……学雷锋助人为乐的精神一直没有变，但是也需要我们拿出助人为乐的勇气，关注更多助人为乐的方式。

新时代弘扬雷锋精神，要大力宣扬雷锋随时随地乐于助人的事迹，让雷锋精神成为一种常态，不管是面对亲人、朋友、同事、邻居抑或是陌生人的求助，都应尽自己的努力去帮助解决问题，鼓励大家面对弱者的求助能够及时伸出援手，相互帮助，共同为社会主义精神文明建设贡献一份力量。

助人为乐的方式有很多，公益、慈善、支教都可以传递爱心与正能量。近年来各种公益组织、慈善机构、支教团队越来越多，但未来要取得进一步发展，需要更多的爱心人士主动自觉地参与进来。弘扬雷锋精神成为公益慈善事业发展壮大的内在需要，雷锋精神的号召力吸引更多的人参与到公益慈善事业中，促进全社会的公益慈善意识不断提高，志愿者数量不断增多。

（三）引导青年在学习中自觉努力

对待学习积极主动、刻苦努力是雷锋的闪光点。雷锋从上学开始，便利用一切可利用的条件、时间来学习。通过阅读雷锋日记，可以看出他对知识的渴求与热爱。新时代弘扬雷锋精神，可以激励广大青年端正学习态度，引导青年积极主动学习，发扬刻苦努力的精神。

新时代弘扬雷锋精神有助于引导青年积极主动学习，提高自主学习能力。现在很多青年沉迷网络无法自拔，对待学习态度比较消极，认为上了大学就"解放了"，在考试的时候应付一下，用不负责任的态度对待自己的学业。弘扬雷锋精神，有助于引导青年意识到学习的重要性，端正他们的学习态度，时刻为自己充电，用知识充实自己。

新时代弘扬雷锋精神有助于引导青年发扬刻苦努力的精神。雷锋在县机关工作的时候，白天上班，晚上补课，经常学习到深夜，条件十分艰苦，但雷锋始终坚持着，他的这种善于"挤"和"钻"的好学精神令人钦佩。弘扬雷锋精神有助于激励青年拥有不懈奋斗的勇气，对待学习要有一种"挤"和"钻"的精神，只有这样，才能战胜学习过程中的一切艰难险阻，实现自己的目标。

（四）引导青年在工作中恪尽职守

从拖拉机手到推土机工人，从汽车兵到辅导员，雷锋发扬着钉子精神，只要能够为国家作贡献、能够为人民服务，无论是什么样的工作，他都乐于去做，并且干一行爱一行、专一行精一行，永远坚守在自己的岗位上。弘扬雷锋精神有助于引导广大青年对待工作恪尽职守，提高责任意识。

学习雷锋对待工作的忠诚，绝不做违背商业道德的事情。学习雷锋对待工作的尽心尽责，在工作中要发扬主动性，按时保质保量地完成自己的工作，不投机取巧，像雷锋一样怀着对工作的敬意完成好每一项工作任务，保持对工作的热忱，为人民办实事，不辜负党和人民所托。

三、对培育"四有"新时代革命军人具有重要作用

党的十九大提出了新时代的强军目标，即把人民军队建设成为世界一流军队，这种"一流"不仅体现在技术作战上，也体现在思想上、意志信念上。雷锋作为一名共产主义战士，是在党的哺育下，在人民军队的锻炼中成长的，其所具有的信念坚定、素质过硬、艰苦奋斗、先人后己等优秀品质正是"四有"新时代革命军人的生动写照。新时代弘扬雷锋精神，学习雷锋的理想信念、道德品质、专业素质，

对于引导官兵争做"四有"新时代革命军人具有十分重要的激励与引导作用。

（一）争做有灵魂的军人

雷锋精神引导广大官兵争做有灵魂的军人。有灵魂，是指信念坚定，听党指挥。忠诚是对军人的根本要求，是军人最重要的政治品格，《雷锋日记》记载了雷锋对党的深厚感情和对理想信念的坚持。雷锋坚持学习革命理论，始终以马克思主义理论武装自己，正是因为有了过硬的理论基础，雷锋才能时刻保持清醒，坚定正确的政治方向。广大军人应时刻保持头脑清醒，要深入学习党的创新理论，以党的创新理论为武器改造主观世界，用理论武装自己的头脑。

因为热爱，雷锋对党和部队的忠诚从不动摇；也因为热爱，雷锋愿意听党指挥。发自内心的情感拥有最强大的力量，雷锋对党的深厚感情增强了他对党与部队的忠诚。新时代弘扬雷锋精神，有助于引导广大官兵以雷锋为榜样，增强对党的爱戴与信赖，时刻保持对党的忠诚。

（二）争做有本事的军人

雷锋精神引导广大官兵争做有本事的军人。有本事，是指素质过硬，能打胜仗。雷锋坚持干一行爱一行、专一行精一行的信条，不论是农业社的记工员、县乡政府的通讯员，还是解放军的汽车兵，雷锋对待每一份工作都尽心尽力，不论哪个岗位都刻苦钻研、不断奋进，对于自己所执工作技巧烂熟于心，素质过硬，经得起检验。

一名老兵教雷锋苦练投掷手榴弹

新时代，雷锋精神可以鼓励广大官兵立足本职工作，练就过硬本领。"素质过硬"即要求官兵不仅要做到技能素质过硬，更要保证身体素质、心理素质、科技素质、文化素质、思想素质等各方面都经得起检验。只有这样，才能在现代化作战中能打仗，打胜仗。学习弘扬雷锋精神，广大官兵要争当训练尖子、技术能手、精武标兵，全面提升自己的素质，加强演习与模拟训练，练就真正本事。

（三）争做有血性的军人

雷锋精神引导广大官兵争做有血性的军人。有血性，是指英勇顽强、不怕牺牲、憎爱分明。有血性首先表现为阶级立场明确，憎爱分明，具备斗争精神。"对待同志要像春天般的温暖，对待工作要像夏天一样的火热，对待个人主义要像秋风扫落叶一样，对待敌人要像严冬一样残酷无情。"[①]新时代弘扬雷锋精神，引导广大官兵铸牢理想信念，在大是大非面前旗帜鲜明，在风浪考验面前无所畏惧，在各种诱惑面前立场坚定。

有血性更表现在英勇顽强，不怕牺牲，关键时刻敢于亮剑。雷锋把自己的生命看作党和国家的，随时准备为党和人民牺牲一切，在工作中他总是冲锋陷阵，勇做排头兵。虽然新一轮科技革命和军事革命日新月异，现代战争形态和作战方式加速演变，但敢于亮剑，勇于牺牲的精神永远不会过时。新时代，面临建设世界一流军队的挑战，更需要我们的军人有血性有担当。广大军人应具备挺身而出的勇气，有顽强的斗志和高昂的精气神，积极参与训练，在严酷训练中摔打自己、锤炼自己，要有能打仗的底气以及打胜仗的自信。练就所向披靡的锐气、舍我其谁的士气、宁死不屈的军风，为强军梦凝聚磅礴力量。

[①] 《雷锋全集》，华文出版社2012年版，第18页。

（四）争做有品德的军人

雷锋精神引导广大官兵争做有品德的军人。有品德，是指品行端正，情趣高尚，为民服务。雷锋为人正直善良，毫无自私自利之心，把全心全意为人民服务作为自己为人处世的准则。新时代弘扬雷锋精神，有助于广大官兵践行社会主义核心价值观，恪守职业道德，密切群众联系，形成良好的军民关系。雷锋始终坚持先人后己、无私奉献、为人正直的处事风格，始终保持勤俭节约、艰苦朴素的作风，对待同志就像"春天般的温暖"，这种高尚品德呼应了社会主义核心价值观。广大官兵要学习雷锋的高尚品德，积极投身社会公德、职业道德、家庭美德、个人品德教育活动，像雷锋那样从关注身边事，从点滴入手，发挥自己的光和热，始终做正能量的代言人。新时代广大官兵也要坚持爱人民、为人民，始终保持对人民群众的深厚感情，继续发扬我军亲民爱民的优良传统，不断巩固和发展同呼吸、共命运、心连心的军政军民关系，为军民融合贡献自己的力量。

四、对提高党员党性修养具有指导作用

中国共产党是中国特色社会主义事业的领导核心，必须始终代表中国先进生产力的发展要求，代表中国先进文化的前进方向，代表中国最广大人民的根本利益，只有这样，党才能保证执政的稳定性，才

会有强大凝聚力与号召力。新时期,我们党面临着长期执政考验、改革开放考验、市场经济考验、外部环境考验,党员作为中国工人阶级的有共产主义觉悟的先锋战士,必须时刻向党组织看齐、不断加强自身党性修养,积极为党和国家作出自己最大的贡献。雷锋作为一名普通党员,时刻发挥模范带头作用,以实际行动诠释了党的性质、宗旨和群众路线,凸显了共产党人的初心和本色。新时代学习弘扬雷锋精神,对于引导广大党员自觉以雷锋为榜样,始终不忘初心、牢记使命,不断提高自我修养,加强党的先进性、纯洁性建设具有重要作用。

(一)始终保持党员纯洁性

共产党员的纯洁性建设是党的建设的重要内容,"党的纯洁性包括思想纯洁、队伍纯洁、作风纯洁、清正廉洁等方面,其核心是牢记全心全意为人民服务根本宗旨、胸怀共产主义崇高理想"[①]。也就是说,党的纯洁性具体地体现在思想上、组织上、作风上等方面。雷锋作为一名党员,无论是在思想上、组织上还是作风上都充分体现了一名优秀共产党员的党性修养,保持了一名党员应有的纯洁性。

在政治思想上,雷锋精神体现在坚持党的指导思想,坚持马克思主义的世界观和方法论。作为共产党员,加强党性修养必须学会用无

---

① 罗显波:《弘扬雷锋精神保持党的纯洁性》,《惠州日报》2012年3月20日。

★ 永远的榜样：雷锋

产阶级的世界观来观察分析问题，并利用科学的方法论来解决问题，坚持求真务实的态度。雷锋在生活中充分认识到马克思主义的重要性、科学性，在思想上始终坚持将马克思主义及毛泽东思想作为指导思想，坚持实事求是、言行一致的为人处世态度，在思想上保持了党员的纯洁性。1960年12月28日，雷锋在日记中谈到学习马克思主义思想路线的体会："我在党和毛主席的不断哺育和教导下，健康地成长起来。由于政治觉悟的不断提高，树立了为共产主义而奋斗的大志，在工作和学习中取得了一点点成绩，这应该归功于党，归功于帮助我的同志们。"[1]正因为雷锋坚持用马克思主义作为指导思想，树立了实事求是的思想路线，吸收了中国化马克思主义的精髓，才能明确自己的人生价值，始终保持着一名党员的党性。学习践行雷锋精神，就要学习马克思主义及其中国化时代化的最新理论成果，坚定对马克思主义的信仰，树立为共产主义奋斗终身的理想信念，永葆党员的纯洁性。

党员作为党的一员，应积极服从组织的安排和决策，为组织的利益考虑。雷锋作为一名优秀的共产党员，严格遵守党的组织纪律，具有极强的组织观念。他在日记中写道："可以说在我的周身的每一个细胞里，都渗透了党的血液。为了忠于党的事业，今后，我一定要更

---

[1] 《雷锋日记》，远方出版社2012年版，第50页。

好地听从党的教导，党叫我干什么，我就干什么，决不讲价钱。"①在日常生活中，雷锋时刻为组织利益考虑，他把自己比作一颗螺丝钉，哪里需要就去哪里，坚决服从组织的安排。中国共产党目前有9900多万名党员，510多万个基层党组织，党员人数与基层党组织的数量不断增加，管理的难度系数也同样增加，这就更加需要每一位党员加强党性修养，自觉遵守组织纪律，配合党组织的管理。在日常的工作生活中，也要时刻绷紧纪律规矩这根弦，牢记党中央禁止的坚决不做。

雷锋自加入中国共产党那天起就以一名优秀共产党员的标准严格要求自己，牢记党的宗旨，将"生为人民生，死为人民死"②作为自己的座右铭，全心全意为人民服务，甘做革命的"傻子"。新时代弘扬雷锋精神，有助于让广大党员干部清醒认识到手中的权力、所处的岗位，是党和人民赋予的，是为党和人民做事的，只能用来为民谋利。每个人都要学习雷锋的精神，从点滴小事入手、从身边琐事入手，尽可能地帮助人民群众解决问题。

（二）不断提高党员先进性

弘扬雷锋精神有助于激励党员干部发挥带头作用。作为一名共产党员，雷锋在自己短暂的一生中践行着对共产主义的信仰，对待工作

---

① 《雷锋日记》，远方出版社2012年版，第93页。
② 《雷锋日记》，远方出版社2012年版，第93页。

总是抢着去干、带头去干，对待普通群众他总是尽其所能地提供帮助，在生活中发挥了模范带头作用，生动诠释了共产党员的先进性。在雷锋精神的感召下，我国在不同时期涌现出了无数雷锋式人物，他们共同推进着中国的改革与进步。新时代，我们依然需要模范榜样的力量，应激励党员干部向雷锋看齐，以雷锋为榜样，不断加强自身的党性修养，丰富自我完善自我，自觉抵制形式主义、官僚主义，将为人民服务的口号落到实处，真真切切地发挥党员的先锋模范作用。

第五章
雷锋精神的困境与破局

实现中华民族伟大复兴需要英雄精神,雷锋精神永不过时。弘扬雷锋精神还面临认知混乱、情感弱化等困境,需要采取完善机制、营造氛围、创新方式等措施走出困境,更好发挥雷锋精神提高个人思想政治素养、激发爱国热情、提高组织纪律性和集体荣誉感等作用。

第五章　雷锋精神的困境与破局

第一节　雷锋精神面临挑战

道德滑坡、诚信缺失、食品安全等问题，无疑是弘扬雷锋精神面临的挑战，也显示出继续学习雷锋的重要与迫切。

一、对雷锋精神存在认知混乱现象

受历史虚无主义等思潮的冲击影响，有些人对雷锋精神存在认知混乱现象。如网络上有历史虚无主义者说，雷锋就是"那个白天做了好事不留名，晚上全都写到日记里的人"，也有人说雷锋"做好事不留名，只留照片"。这些都属于在历史虚无主义影响下的认知混乱问题。首先，雷锋确实做了好事，这是毋庸置疑的。其次，雷锋写日记不是出于炫耀的心理，而是为了自省，为了提升思想修养。雷锋日记经得住时间的检验。而关于照片，这是当时部队发现雷锋的先进事迹后决定树立典型，根据《雷锋日记》的记载进行了补拍、摆拍，但都是雷锋早已做过的事情，具有真实性。

以上可以看出，人民群众对雷锋精神的认知存在不良情况。如果任由雷锋等英雄被恶意矮化、雷锋精神等文化被刻意消解，将对主流意识形态安全产生严重威胁。

2018年4月，十三届全国人大常委会第二次会议全票表决通过《中华人民共和国英雄烈士保护法》指出，禁止歪曲、丑化、亵渎、否定英雄烈士事迹和精神。英雄烈士的姓名、肖像、名誉、荣誉受法律保护。

家长应当在重视子女文化知识教育的同时，注重子女道德素养的养成，尤其是社会公德和家庭伦理道德的认知培养。学校不仅要重视课堂知识的传播，还要注重隐性知识的传播，通过教学活动、课外活动、教风、学风、校风、人际关系、校园文化等，切实加强雷锋精神的教育，改变传统教育"重智育，轻德育"的现象。在学校治学理念、教学体系、教师观念、校园活动等多方面强调雷锋精神的重要性，在校园的各个层面加入雷锋精神的教育内容，如高校思想政治教育理论课、高校专业课程、校园文化活动、校园网络平台等。

雷锋强烈的爱国情怀，鲜明的阶级立场，对于引导学生坚定理想信念，助力培养德智体美劳全面发展的社会主义建设者和接班人意义重大。青年学子思想状态尚未成形、易受外界影响，在其成长过程中运用雷锋精神等做好引导非常必要。

二、学雷锋活动存在情感弱化问题

有一段时间，社会上出现了"老人摔倒了，到底该不该扶"等类似的争论，侧面表明学雷锋活动出现情感弱化现象。2011年10月，党的十七届六中全会发出"深入开展学雷锋活动，采取措施推动学习活动常态化"的有力号召。2012年2月，中共中央办公厅印发《关于深入开展学雷锋活动的意见》，概括指出雷锋精神的丰富内涵，即热爱党、热爱祖国、热爱社会主义的崇高理想和坚定信念，服务人民、助人为乐的奉献精神，干一行爱一行、专一行精一行的敬业精神，锐意进取、自强不息的创新精神，艰苦奋斗、勤俭节约的创业精神。意见对深入开展学雷锋活动做出整体部署。党中央的决策释放出藏在人民大众中的巨大能量，在全国各地掀起了新一轮学雷锋热潮。想要学习雷锋的实践活动长久存在、长盛不衰，仍需久久为功。

第二节　如何走出现存困境

当前，拜金主义、享乐主义、极端个人主义和历史虚无主义等错误思潮仍不时出现，腐蚀人们的意志、影响社会的发展，为了克服这些不良影响，不仅需要法律、制度等规范性措施，也需要弘扬如雷锋精神等道德措施，充分发挥中华传统美德的感召力。

一、完善保障精神传承的机制建构

践行雷锋精神是一项系统工程，需要不断地探索、总结、提高，将学雷锋活动常态化。雷锋精神的培育和践行需要在把握新时代要求的基础上，尊重客观规律，积极创建践行雷锋精神的常态化机制，有效整合思想政治教育资源和相关要素，努力使学雷锋活动处于良性运行状态，不断增强人们对于雷锋精神的认同感，激发人们学习雷锋精神的积极性，从而有效提升雷锋精神培育和践行的实效性。

雷锋精神传承践行的保障机制建构涉及培育者、培育对象、培育手段与方式、培育环境、评估与反馈等。传承践行雷锋精神的保障机制具有系统性、动态性、整体性特征，可以从以下几个方面着手。

（一）完善传承践行雷锋精神的导向机制。确保践行雷锋精神达到所希望的理想状态，需要明确社会变革与人们精神价值的变化联系，把握新时代践行雷锋精神的新特点新要求，坚持马克思主义在践行雷锋精神中的导向作用。（二）完善传承践行雷锋精神的示范引领机制。在社会上形成良好的学雷锋氛围，深入挖掘典型，发挥榜样的示范引领作用。（三）完善传承践行雷锋精神的监督机制。发挥政府相关部门监督、单位相关部门监督、社会舆情监督、学校监督、家庭监督和自我监督的常态化监督体系作用。（四）完善传承践行雷锋精神的组织机制。切实加强顶层设计、组织领导、具体指导、督促检查；加强队伍建设，培养政治素养坚定、职业道德高尚，有活力、有干劲的雷锋精神践行队伍。（五）完善传承践行雷锋精神的物质保障机制。保障必要的经费开支预算，包括活动经费、教育培训经费、科研经费、奖励基金等；提供和保证必要的基础性物质条件，如固定的办公场所、一定的宣传场所、必要的办公用品等。

二、营造利于精神传承的社会环境

雷锋并不是生下来就懂得为人民服务的，他是在一定的社会环境中，通过向一些先进人物学习，才逐渐成长为新的典型。从雷锋的日记中可以看到，在他的成长过程中，对他产生影响的人有战争年代的英雄人物董存瑞、黄继光等，也有和平年代的先进人物，还有身边的领导、同事和战友。其中，张兴玉、韩万金对雷锋的成长起到关键性作用。有一次，雷锋跟着张兴玉书记下乡，看到一户农民生计艰难，张兴玉就掏出15块钱留给这户人家。雷锋一看，也掏出了两张5块钱。张兴玉说："我给他就行了，你不用给了，你钱少。"雷锋说："书记，您一家七口，平均起来还没有我多，我也要给！"雷锋从这个扶贫济困的"模仿"开始，学着张兴玉帮助弱者，资助同事、战友，形成了"活着，就是为了使别人过得更美好"的人生哲学。雷锋参军入伍后，在中国人民解放军这所大学校里，在部队首长关怀、教育和培养下，思想进步迅速，工作表现突出，成为全国闻名的模范，铸就了辉煌人生。

马克思主义认为，人是社会和环境的产物。人在本质上是一切社会关系的总和。优化全社会学习弘扬雷锋精神的教育环境，渲染全社会学习雷锋的氛围，实现雷锋精神与受教育者间的良性互动，增强教育的实效性非常重要。在向社会成员传授文化知识的过程中，要重视加强对其意志品质的培养，促使其在学习践行雷锋精神的同时保持坚定的信念，知其意，践其行。

要营造利于雷锋精神传承的舆论环境。应充分发挥广播电视高覆盖率优势，广播电视在新时代仍然是人民群众日常接收信息、了解资讯、娱乐休闲等行为的重要渠道，应通过这一媒介提升大众对于雷锋精神的认知度、认可度。营造利于雷锋精神传承的文化环境。应大力弘扬中华民族优秀文化，丰富人民的精神世界，树立人民的文化自信，努力用中华民族所创造的一切精神财富来以文化人、以文育人。营造雷锋精神传承的校园环境。青年学子是祖国的希望，校园是知识传播的殿堂，要将雷锋精神弘扬融入校园文化，广泛开展文明校园创建，开展形式多样、健康向上、格调高雅的校园文化活动。营造雷锋精神传承的家庭环境。家庭是人生的第一所学校，父母是孩子的榜样，发挥家庭环境作用要加强父母的言传身教，如充分发挥优良家风的熏陶作用。

三、创新适应时代发展的传播方式

在新时代，学雷锋活动应不断创新方式方法，从重视节日、纪念日、养老院、学校等向随时、随地、随机发展，从行为、零散向重视公益建设、持续帮扶弱势群体转化，从去各单位作报告、作讲座向依靠互联网、"两微一端"等新媒体变换，确保学雷锋活动的传播效果。

如何充分运用好新媒体、融媒体、全媒体是弘扬雷锋精神面临的主要问题。2018年3月，由南京市建邺区文明办、江苏省国旗文化研究会共同研发的国内首款"做雷锋精神的种子"APP正式上线。该平台一期的主要板块有雷锋人生、雷锋心语、雷锋颂歌、雷锋故事、雷锋现象、雷锋传人、雷锋典藏以及我的践行8个部分。"做雷锋精神的种子"APP，是新时代适应人们接受习惯的全新载体，它通过网络新科技的力量把美德新风广为传扬，以此激扬人们心中蕴藏的美好思想品德，焕发人们建设文明风尚的巨大热情。

四、注重全方位全程全员延续精神

基层单位是全社会学习、弘扬雷锋精神的基本组织，应该充分发挥各基层单位的主观能动性，创新践行雷锋精神的模式、方式，让更多的人愿意自觉践行雷锋精神，让雷锋精神时时刻刻保持鲜活、旺盛的生命力。

党员干部、公职人员，不仅对群众有示范作用，更有领导作用。学习弘扬雷锋精神，要着重针对党员干部、公职人员开展工作，使其严于律己、严以修身，牢固树立热爱党、热爱社会主义、热爱祖国，忠于党、忠于人民、无私奉献的优秀品格，成为群众信得过的好干部。注重村规民约，从细微之处为弘扬雷锋精神营造积极的氛围，将雷锋精神的延续贯穿于每个人的日常生活中，在制定和完善村规民约中融入相关思想，规范民众的行为、提高民众对雷锋精神的认可与传承，促进社会的进步与发展。

在学校教育中要采取全方位引导方式，形成课堂教学、社会实践、校园文化多位一体的育人平台，建立学习雷锋精神的长效机制。雷锋精神是全民族珍贵的精神财富，革命战争年代的优良传统在和平时期依然具有重要意义和价值，需要代代传承。为此，统编语文教材不仅注重发掘革命战争年代故事的深刻意义和现实价值，也选入了许多描写和平时期继承和发扬优良革命传统、克服困难保家卫国、甘愿在平凡岗位奉献青春的文章。如《雷锋叔叔，你在哪里》让学生体会榜样的力量，增进学习兴趣和动力。这些文章使历史与现实交织，激发孩子们的爱国主义情感，增强实现民族复兴的历史责任感；思考题设计、名著导读等形式丰富多样，既引导学生思考现在、展望未来，又给教师提供了发挥和拓展空间。学校是学习雷锋精神、弘扬雷锋精神的重要阵地，应注重持续创新践行方式，注重发挥组织创造力，引导师生员工践行雷锋精神。很多学校积极响应，如推出"医路同行"义诊、支持环境保护行动、"关爱盲童有声读物录制"等志愿服务活动，号召青年学子争做新时代雷锋精神的传人，让爱心的接力棒在新时代新征程中再传承、再接力、再出发。

第六章
新时代雷锋精神的践行与弘扬

雷锋精神永不过时。新时代，依然要弘扬、传承、践行雷锋精神。精神的力量，是在实践担当中发挥出来的。为更好地让广大人民将雷锋精神内化于心、外化于行，应创新运用多种方式、多重手段、多个平台做好雷锋精神的宣传。

第一节　宣传雷锋精神应与时俱进

雷锋精神宣传需要与时俱进。新时代，雷锋精神宣传应充分发挥引导功能、凝聚功能、调节功能、指向功能和批评教育功能，不断扩大传播受众的覆盖面，扩大雷锋精神的影响力。同时，宣传雷锋精神还应充分运用好新媒体、融媒体、全媒体。

一、宣传雷锋精神与时俱进的价值意蕴

学雷锋活动虽然一段时间陷入低潮，但总体良性发展趋势不变。从与时俱进的角度出发，当前在传播内容、传播受众、传播媒介等方面，仍需要进一步优化雷锋精神宣传的方式方法。

（一）优化雷锋精神传播内容

在宣传雷锋精神的过程中，要做细做强思想政治引领，只有时刻保持政治性、凸显主线价值，才能助力进行伟大斗争、建设伟大工程、推进伟大事业、实现伟大梦想。

为克服现有雷锋精神宣传过程中传播内容存在一定程度的强制性、单一性等，在加强思想政治教育和价值引领过程中，应注重通过对主流意识形态的修辞转化、价值引导、内化认同等，站稳人民立场，弘扬主旋律，剖析现实，澄清是非，开展道德评价和舆论监督，削弱外来话语的影响，保障主流意识形态安全。弘扬雷锋精神，不仅要坚持以人民为主体的内容创作导向，还要强化问题导向，坚持马克思主义之道和理论逻辑之理，避免传播内容标签化、空泛化，强化政治引领功能和服务大众功能，围绕中心、找好抓手。宣传雷锋精神还应更好地总结历史经验，回应现实问题，谋划未来蓝图，优化传播内容，提升宣传高度，开创文化层面的中国气派。

（二）服务雷锋精神传播受众

对雷锋精神的宣传应把握新时代、新变化、新需要，着眼于社会主要矛盾的变化，解决人民关心的实际问题，努力实现宣传工作现代化，走出新路子，凸显出新价值。

对雷锋精神的宣传应兼顾中国特色与国际视野。首先应关注国内受众群体需要，关注中国传统文化遗产积淀与新时期对雷锋精神宣传之间的惯性传承，关注中国传统文化仪式象征与雷锋精神符号信仰之间的异同，关注中国传统文化道德秩序与雷锋故事之间的联系，等等。其次应关注借鉴各国精神宣传的发展创新，了解国际传播受众需求，通过坚持正确的比较观，以彼之经验服务于自身发展。凸显辩证价值，在确保正确价值导向的前提下实现符合受众需求的文化流动，引领雷锋精神的宣传向好发展。

对雷锋精神的宣传还要做到深入浅出、吸引受众，只有这样才能更好地宣传贯彻党的路线方针政策，才能让人民信服，使人民群众自觉团结在党中央周围，服从党的领导，时时刻刻向党中央看齐，拧成一股绳，共建中国梦。

（三）用好雷锋精神传播媒介

创新是发展的不竭动力，宣传雷锋精神也离不开创新思维。新发展理念丰富了马克思主义发展观，对于宣传雷锋精神有宏观的指导意义。新时代对雷锋精神的宣传应把握好新型传播媒介，践行新发展理念，凸显创新价值。

宣传雷锋精神应关注热点，运用新的话语表述、新的话语观点、新的话语内涵。宣传雷锋精神应努力做到创新、协调、绿色、开放、共享发展，不断增强传播力，在完成党和国家基本宣传教育任务的同时凸显创新价值，从知识生产及其与社会互动的客观规律中汲取有关经验，运用与之相匹配的最生动表述、最务实方法，实现与新传播媒介的协调发展。

宣传雷锋精神还应开放眼界、注重媒介共享技术。如今，除了"两微一端"，AR技术、VR技术等也进入宣传领域。运用好新式共享媒介，可以在特定的传播范围内提供更多信息，放大信息、增值信息，从而达到更好的传播效果。

二、雷锋精神宣传与时俱进的实现路径

宣传弘扬雷锋精神应做到主题结合"三种文化"，拓宽传播内容外延；深入挖掘目标受众，延展传播受众范围；紧跟创新中国步伐，优化新式传播媒介。

（一）主题结合"三种文化"，拓宽传播内容外延

做好对雷锋精神的宣传应当推进文化建设理论与实践创新同中华优秀传统文化的融合发展，厚植文化底蕴，通过溯源历史文化加快构建中国话语和中国叙事体系，提升国家文化软实力。

雷锋精神宣传的传播内容应发扬革命文化。革命文化是中国特色社会主义文化的重要来源，要通过出版相关内容帮助读者了解中国革命文化，使其认同党的领导，坚定社会主义的理想信念。中国革命文

化是生动的马克思主义教科书。宣传思想工作会议、新闻舆论工作座谈会、思想政治工作会议等都要求加强党史、新中国史、改革开放史、社会主义发展史的宣传教育,使宣传工作、思想政治教育为人民服务,为中国特色社会主义事业服务。宣传雷锋精神只有坚持发扬中国革命文化,才能更好地教育引导人民铭记革命历史,抵御错误思潮的侵袭,拓宽传播内容,与新时代需求接轨。

宣传部门等是培育文化自信的重要阵地,宣传雷锋精神要为社会主义先进文化持续发展做好指引、为新闻出版行业等发挥阵地作用提供保证。雷锋精神的宣传必须将文化纳入重点范畴。发展社会主义先进文化、扩展宣传雷锋精神的传播内容可以丰富文化涵养、提升文化价值,最终实现广大人民群众对民族文化的共鸣和认同,坚定文化自信。

(二)深入挖掘目标受众,延展传播受众范围

宣传雷锋精神的受众群体包括广大党员、干部、学生等,如何继续发掘潜力受众和深度关注受众仍需下大功夫。宣传工作者应多走进需求群众、了解市场变化、挖掘潜在受众,对准目标群体做好宣传;应着力注重面向年青一代,创新宣传雷锋精神的内容和形式,精准对接人民需要,延展受众群体。

雷锋精神的宣传受众主要在国内,但一些研究国际政治、东方学等领域的学者,国外领导人、政府工作人员等也很关注雷锋精神。如

★ 永远的榜样：雷锋

抚顺雷锋纪念馆将弘扬雷锋精神作为文化交流的重要内容融入"一带一路"建设，开展了"'一带一路'·雷锋同行"走进马来西亚等活动，推动雷锋精神走向世界。2004年，来自雷锋生前所在部队的中国第五批赴马里维和工兵分队军官于洋，带领部队赴利比里亚执行维和任务期间，以英雄行为和无畏壮举，让当地居民和各国维和部队知道了"中国雷锋"。当时，距离绥德鲁市中心仅4公里，一座废弃的供水站氯气罐发生泄漏，周边动植物被毒死一片，数千居民被迫逃离家园。于洋带领官兵组成3支抢险小分队，第一时间挺进事故现场，成功排除了险情。身处异国，语言不通，但当地居民不约而同地向中国工兵竖起了大拇指。赴利比里亚执行维和任务期间，该部官兵与20多个

2016年，雷锋生前所在部队赴马里
执行维和任务时建起一座战地雷锋纪念馆

国家的军队打交道，面对不同价值观念、生活方式的影响，经受住了各种考验。部队长初庆华还组织官兵在维和营地建起了雷锋展室，向当地21所学校、4个城市赠送了雷锋铜像、英文版《雷锋故事》。虽然施工任务很重，但只要有空闲，官兵们都会自发地到附近街区平整道路、填埋冲沟，改善驻地群众出行环境；帮助驻地周边学校修缮篮球架和桌椅等文体设施，向学生赠送篮球和文具。2016年，该部官兵赴马里执行维和任务时，在马里加奥"超级营地"建起一座战地雷锋纪念馆。战友们不仅为这饱受战火摧残的动乱国家带去了和平和建设，更带去伟大的雷锋精神。一位叫赫鲁西的马里年轻人在参观后说："雷锋是一名令人心生敬意的伟大士兵，在战火和废墟中重建家园，我们需要这样一种宝贵品格和令人感动的精神，把我们的民族重新凝聚起来。"雷锋精神不仅是中国人民，也是全人类共同的精神财富。

（三）紧跟创新中国步伐，优化新式传播媒介

当前，注重信息传递交流的互联网时代已经升级为注重信息搜集、挖掘、分析的大数据时代。宣传雷锋精神需要适应数字化、大数据、云概念、"互联网+"等时代特点，树立大数据思维。开发新技术、启用新平台、用好新思维是宣传雷锋精神跟上时代步伐的必然选择。要运用群众喜闻乐见的传播方式，助力雷锋精神入脑入心，引起共振共鸣，坚定文化自信，推动社会主义文化繁荣兴盛。

第二节　在建设新的伟大工程中弘扬雷锋精神

全心全意为人民服务是党的根本宗旨，在建设新的伟大工程中也需要传承与弘扬雷锋精神。找到实践的切入点，突出问题导向，坚持久久为功，凸显长期时效，有利于加强党的建设。

一、在全面从严治党中弘扬雷锋精神

解决大党独有难题是一个长期而艰巨的过程，党的自我革命永远在路上。为保持党的先进性，巩固党的执政地位，在共圆中国梦的历史进程中必须坚持中国共产党领导，深入推进全面从严治党，大力弘扬雷锋精神。

（一）以雷锋精神诠释党的初心使命

中国共产党是工人阶级的先锋队，是中国人民和中华民族的先锋队。中国共产党是中国特色社会主义建设事业的领导核心，为保持党的先进性，加强党的领导，必须坚持全面从严治党。现实中，有部分党员干部党性不强、政绩观出现偏差，走向了党和人民的对立面，弘扬雷锋精神有助于唤醒这些党员干部，使其在践行雷锋精神的过程中不忘初心、牢记使命，让雷锋精神转化为推进全面从严治党的强大精神动力。

1.构建国家主流话语，筑牢信仰之基

文化自信是国家软实力的重要组成部分，雷锋精神是中华优秀传统美德的组成部分，弘扬践行雷锋精神是坚定文化自信的有力抓手。近年来，境外反华敌对势力利用互联网传播一些混淆视听的观点，这些错误思想严重影响政治认同、歪曲人们的价值导向、蚕食主流意识形态的精神支柱作用，动摇民众的价值观念、政治态度，也对部分党员干部产生了消极影响。全面从严治党，需要进一步弘扬雷锋精神，打好网络保卫战，宣传巩固国家主流意识形态，运用大数据、云平台等规范党员管理、加强党员教育，确保党性与人民性始终统一。针对新时代干部特点，要创新弘扬雷锋精神的方式方法，可以运用新媒体技术打造"云上雷锋纪念馆"，开发"学雷锋"线上互动课程，使红色教育更接地气、更有活力。

2.严格遵守制度规矩,构建长效机制

雷锋同志严守纪律、克己奉公的作风启示我们,全面从严治党,必须全方位扎紧制度的"笼子"。要完善党员干部考核评价机制,将服务群众、甘于奉献等指标纳入考核体系,推动形成"人人争当雷锋"的制度导向。在全面从严治党的过程中,不仅要充分发挥广大党员的自觉性,还要发挥人民群众的监督性。运用好多种监督形态,使党员干部辨别政治是非、提高防范化解重大政治风险能力。党的十八大以来,党中央出台《中国共产党廉洁自律准则》《中国共产党纪律处分条例》等一系列党内法规,使党员干部运用权力有了系统的硬性约束,形成了规范权力的有效机制。放眼全世界,没有哪个政党像我们党这样,拥有这么严密完善的制度体系,让党的制度如此全面深刻发力于管党治党、治国理政,成为一大独特优势。[①] 新时代以来,通过党的建设制度改革,风清气正的党内政治生态不断巩固发展;通过完善党内法规制度体系,党总揽全局、协调各方的领导核心作用显著增强;通过党内法规同国家法律的衔接和协调,许多领域实现历史性变革、系统性重塑、整体性重构,国家治理体系和治理能力展现出独特优势。

3.发挥榜样力量,激发时代担当

在进行全面从严治党的具体实践中,需要对党员干部充分教育引

[①] 中共中央办公厅法规局:《充分发挥依规治党的政治保障作用——以习近平同志为核心的党中央加强党内法规制度建设纪实》,《人民日报》2022年6月26日。

导,既要有硬性的制度保障,又要有如宣传雷锋精神等春风化雨的柔性说服,树立新时代榜样典型,使党员干部将相关理论与实践要求内化于心、外化于行。在我国,人民当家作主,人民是国家的主人。中国共产党是为人民服务的党,始终代表最广大人民根本利益。将雷锋精神融入党员干部理想信念教育、党性教育、党的宗旨教育,雷锋"把有限的生命投入到无限的为人民服务之中"的崇高品格,是新时代党员干部锤炼党性的生动教材。要通过开展主题学习、榜样宣讲等活动,使"螺丝钉精神"成为党员干部的价值追求,发挥雷锋精神的实践引领作用。当前反腐败斗争取得压倒性胜利,但"四风"问题仍具有顽固性,更需要发扬雷锋艰苦朴素的作风。各级党组织可以结合"我为群众办实事"实践活动,建立党员志愿服务常态化机制,让"雷锋车""雷锋岗"成为联系服务群众的重要窗口,选树立足岗位建功立业的同志成为本单位的先进典型,以典型示范引领工作中学雷锋新风尚。要针对党员群体采取不同的引导方式,建立世界观、人生观、价值观教育的长效机制,构建多位一体的育人平台,充分发挥社会、家庭、学校的教育合力,并根据时代的发展需要,不断形成新的话语传播方式,加强对雷锋等正面典型的宣传,强化正向教育效果,发挥思想政治教育立德树人实效,使广大党员向雷锋看齐,以典型示范引领社会新风尚,自觉将个人梦与集体梦、国家梦相结合,共圆美丽中国梦。

（二）弘扬雷锋精神，助力实现中国梦

中国梦是每个中国人的梦，是中华民族的梦，中国共产党是人民利益的代表，每一位共产党员的梦都应是人民与民族的梦。面临长期执政的考验与外部环境风云变幻的危险，一些共产党员如果无法保持党员本色，背离了听党指挥、为民服务的雷锋精神，做出违背党性的选择，就必须受到批判和遏制。

1.运用灌输理论，助力干部成长

列宁的"灌输"理论，是指必须用马克思主义理论教育、武装无产阶级，而且非教育、武装不可，否则就会使无产阶级在对敌斗争中方向不清、道路不明、敌我不分、误入歧途。对党员干部进行思想教育，也要坚持"灌输"理论的方式方法，即把马克思主义中国化时代话理论、社会主义核心价值观、雷锋精神等科学理论和正确认识输入党员的头脑中，使其把握正确的政治方向，保持党性，心系民族。要想让党员干部践行雷锋精神，必须做好宣传弘扬工作，持续拓展视野和思路，有效结合思政"小课堂"和社会"大课堂"，不断提高教育引导的亲和力、感染力、说服力，更好让党规之治等生动故事鼓舞党员干部的心灵，用好"灌输"理论，帮助党员干部将雷锋精神内化于心、外化于行。

2.警惕历史虚无主义，开展干部教育

西方国家的意识形态渗透从未停止，一些心怀不轨人士针对我国

传播历史虚无主义，否认抹黑党史、新中国史、改革开放史、社会主义发展史和中华民族发展史。少数党员理想信念不够坚定，受到历史虚无主义影响，如认为雷锋精神不存在、雷锋的事迹不真实等。在当今时代，我们要像雷锋那样有热爱党、热爱祖国、热爱人民的坚定信念。

中国共产党领导革命、建设、改革的伟大实践是生动的马克思主义教科书。2016年，习近平总书记在全国高校思想政治工作会议上指出，加强党史、国史、改革开放史、社会主义发展史教育。使思想政治教育为人民服务、为中国共产党治国理政服务，为中国特色社会主义事业发展服务。雷锋的成长过程以及对雷锋精神的传承过程，贯穿我们的党和国家不同的历史时期。只有加强五史的学习与教育，才能更好地教育引导广大党员抵御历史虚无主义的侵袭。

3.把握好实现民族复兴的正确方向

我国是中国共产党领导的社会主义国家，我们应坚信马克思主义理论和中国特色社会主义理论，坚持运用辩证唯物主义和历史唯物主义，注重实践的观点。只有将正确的理论运用于实践，在正确的理论指导下进行实践，才是实现中华民族伟大复兴的正确方向。我们不仅要学习雷锋精神，还要在实际中践行雷锋精神。党员干部应发挥先锋模范作用，学习雷锋努力钻研、时时刻刻做好本职工作的精神，充分发挥自身潜力，带头创新或在自身岗位上为他人创新创业提供便利。

二、在建设基层党支部中弘扬雷锋精神

基层党支部是党在基层组织工作的基础,是落实党的路线方针政策的战斗堡垒,是紧密联系服务人民群众的中坚力量。进入新时代,如何提高基层党支部的凝聚力和战斗力,增强党在基层组织的凝聚力、影响力和执行力,是当前基层党支部建设工作中的重要课题。针对党的建设工作实际,进一步弘扬雷锋精神,探索并完善基层党支部工作的创新体系与高效的工作机制,有利于顺利开展党风建设,提高广大党员的党性修养。

(一)蹲下身子,提高服务意识

雷锋时刻响应党的号召,处处践行为人民服务的宗旨,热爱工作,热爱人民。基层党支部是党的基层工作的基础,是贯彻落实党的路线方针政策的组织者、推动者和实践者。为人民服务是把群众紧密团结在党中央周围的有效方式,是共产党人的天职。中国共产党自诞生之日起,就把人民的利益摆在高于一切的位置。基层党支部要把目标定位在更好地服务群众上,要在党风建设中始终扮演好服务者的角色。

一是端正服务态度,明确服务对象。基层党支部的服务对象是广大群众,必须保持热情周到的工作态度,做到语言文明礼貌,杜绝话难听、脸难看、事难办的不良现象。在各项事务的办理过程中,始终

坚持服务理念，树立起基层党支部服务广大群众的形象。

二是坚持群众利益无小事，主动为群众排忧解难。对群众反映的问题和需要办理的事情，能解决的立马解决，不能立即解决的找出原因，做好解释工作。并以最快速度完成，做到不推诿、不拖延、不模糊答复；积极为广大群众出谋划策，少说空话，多做实事。

三是扎根基层实际工作，密切与群众关系。把群众冷暖放在心上，真正体现权为民所用、情为民所系、利为民所谋。在处理与群众有关的涉及切身利益的各项事务时，精心设计工作方案，更多地体现以人为本的工作理念，为群众办实事、办好事。

（二）身体力行，始终团结群众

基层党支部作为连接上级党组织与群众的纽带与桥梁，应当代表广大群众的根本利益。在群众的工作学习、业余生活当中，基层党支部必须始终以群众的利益为出发点，处处为群众考虑，实实在在地把群众团结到党中央周围，充分弘扬传承雷锋精神。坚决贯彻执行党的路线方针政策和上级党组织决议，推动群众集体团结进步；加强对党员的教育、管理和监督，定期召开组织生活会，开展批评与自我批评；组织党员参与基层事务管理，并检查执行情况；培养入党积极分子，按标准和程序发展党员；经常听取党员和广大群众的意见和建议，有针对性地做好思想政治教育工作。基层党支部要履行工作职责，健全工作制度，转变工作作风，努力做到基层党支部为党员服务，基层党支部和党员为广大群众服务，以秉持雷锋精神为抓手，不断增强基层党支部的凝聚力和影响力。

在党内没有职务高低之分，只有岗位分工不同。党员干部的所思所想应满足群众的所期所盼，真正把心思用在为党支部发展、为群众排忧解难上。党支部要坚持以习近平新时代中国特色社会主义思想为指引，多一些务实求效的实干精神，想群众小事，谋党支部发展大计，就少一些官僚形式主义；多一些调查研究，深入实际注重细节，就少一些失误，不走或少走弯路。党风建设要从一堂党课，一次报告，一次总结讲话做起。融入思想性、原则性、知识性、艺术性、逻辑性，循循善诱。学习雷锋的学习和钻研精神，坚持以科学理论武装人、以正确舆论引导人、以高尚精神塑造人、以优秀作品鼓舞人。

（三）开拓创新，不断学习提升

党支部建设要以提高素质、增强党性、发挥作用为目标，引导广大党员深入学习贯彻习近平新时代中国特色社会主义思想，深化对马克思主义发展史的认识，认真学习贯彻党章，坚持党性党纪党风一起抓。通过不断学习，一是党支部和党员个人都能够在思想上重视学习，认识到学习的重要性，把学习摆在十分突出的位置；二是党支部能够着力提供学习机会和学习条件，党员个人形成良好的学习能力和学习习惯；三是党员能够自觉地将学习与实践结合，自觉地将学习成果转化为工作的动力，充分发挥党员的骨干作用和党支部的战斗堡垒作用，促进中心工作的完成。

基层党支部应当经常反思，群众观点强不强，解决群众后顾之忧做得够不够，全心全意为人民服务的宗旨树得牢不牢，党的各项会议精神是否真真切切地落实到实际工作中。党风建设是一项长期工程，需要全体党员的密切配合。对此，要以服务为目标，时刻谨记"把群众团结在基层党支部的周围"这一要务，通过学习提升服务质量，强化党支部的凝聚力与执行力。在新时代，要传承雷锋精神，服务、团结、学习是基层党支部党风建设的"三驾马车"，应并驾齐驱，以服务为思想基础，以团结为行动指导，以学习为提升渠道，共谱党风建设新篇章。

雷锋热爱学习

三、在开展党员教育中弘扬雷锋精神

全面从严治党是新时代党的建设总要求,是全面建设中国式现代化国家的必然要求,同时也是党克服"四大危险"、经受"四大考验"的现实需要。进一步弘扬雷锋精神,教育引导党员、干部坚定社会主义理想,抛弃虚假需求的价值取向,可以为保持党的先进性纯洁性提供精神动力。

(一)帮助党员干部摆脱享乐主义的侵蚀

一些党员干部犯错误往往是从小事小节上开始的,并逐渐成为金钱的奴隶。在具体工作中,要严以修身,以共同理想引导追求;要严以用权,以知荣明耻培育新风;要严以律己,以爱国奉献凝聚力量。广大党员要坚定共产主义理想信念,使共产主义远大理想和中国特色社会主义共同理想铭刻在心中,带头践行社会主义核心价值观,像雷锋一样坚决贯彻执行党的路线方针政策。

(二)提升党员干部教育效果

如果党员干部受到消费主义的侵蚀,理想信念动摇,将消费作为自己幸福的生活方式,必将迷失人的方向。在全面从严治党、建设风清气正的政治生态的过程中,要不断加强理性信念教育、廉洁教育等。党的各级组织在开展组织生活时，可以参观学习雷锋博物馆等场馆，使开展学习雷锋的活动形式更加多样，使党员的教育体验更加丰富，从而有利于提升党员参加组织生活的积极性，并以此更好地发挥组织生活的作用，使对党员干部教育意义更加充分体现。

第三节　在思想政治教育中传承雷锋精神

雷锋精神是我们党在100多年奋斗进程中形成的宝贵财富，通过思想政治教育手段与方法进一步弘扬雷锋精神，对增强广大青年对党的政治认同、思想认同、理论认同、情感认同，对继承和发扬党的优良革命传统和作风，提高解决实际问题的能力具有积极作用。

一、在思想政治工作中传承雷锋精神

新时代，传承雷锋精神应重视思想政治工作的方式方法，持续筑牢传承雷锋精神的思想政治根基。组织引导广大党员、干部深入学懂弄通做实习近平新时代中国特色社会主义思想，掌握贯穿其中的立场观点方法，掌握和运用这一改造主观世界和改造客观世界的强大思想武器，进一步增强"四个意识"、坚定"四个自信"、做到"两个维

护",在内心深处扎根铸魂,教育引导党员、干部自觉加强党性修养,坚持实事求是的思想路线,牢固树立正确政绩观,始终牢记人民利益高于一切,自觉向雷锋看齐。

(一)充分认识意义

党政军民学,东西南北中,党是领导一切的。思想政治工作是全面从严治党的重要抓手,应充分注重在开展思想政治工作中弘扬雷锋精神。一要强化组织领导,确保开展思想政治工作有方向。加强对思想政治工作的组织领导,责任到人到事到位,具体落实践行雷锋精神的各项工作。二要理顺工作思路,确保开展思想政治工作有章法。进一步明确在思想政治工作中弘扬雷锋精神的基本思路和步骤,如各单位分别组建志愿服务总队或公益联盟、多个单位共建志愿服务基地并辐射多个重点基层服务点等。三要加强沟通协调,确保开展思想政治工作有体系。如为学生志愿者、志愿服务项目和团队搭建交流平台等。

(二)准确把握重点

一要落实四种保障,打牢在开展思想政治工作中弘扬雷锋精神的基础。构建组织保障,如建立多级教育引导体系;做好阵地保障,如推出网上信息工作平台,规范志愿者的注册和认证工作;重视政策保障，有关单位应适时出台相关文件，如高校可出台系列文件助力实现志愿服务与开展大学生思想政治教育相结合，与提高学生创新创业能力相结合，与学校学科特色和行业优势相结合，与服务社会发展和人民需求相结合的推进机制；加强经费保障，做好每年投入计划。

二要做好四个面向，筑实在开展思想政治工作中弘扬雷锋精神的骨架。青少年学习雷锋精神，有助于帮助其扣好人生的第一粒扣子。青少年思想政治教育工作要面向课堂，从传统的线下课堂拓展到线上课堂，打造系列新媒体品牌，向学生开展志愿精神教育，培育学生正确的价值观和人生观；面向校园，打造雷锋岗等平台，加强学生间的互帮互助等；面向社会，动员组织学生走向社会开展各类志愿服务活动；面向校友，延续高校等单位的志愿服务传统，借助校友力量帮助弱势群体。

（三）积极探索方法

开展学习雷锋精神交流会，探讨在弘扬雷锋精神的过程中有哪些困难和创新，各单位在志愿服务工作中的优势特色及不足，通过交流学习取长补短，更好地在工作中弘扬雷锋精神。加强学习雷锋精神的互动与合作，加强各单位志愿服务工作之间的沟通，特别是同类志愿服务项目和负责人之间的交流，提供论坛、会议等多种形式的平台。推动高校等单位的志愿服务教育体系改革创新，营造志愿互助氛围，带动更多志愿者学习雷锋精神。进一步做好基地建设，号召有关单位共建志愿服务基地，实现资源共享，搭建合作交流平台，形成在开展思想政治工作中弘扬雷锋精神的合力。构建网络平台，更好地宣传和推广在思想政治工作中弘扬雷锋精神的有益经验和做法，依托相关网站、新媒体合力宣传，进一步做好思想政治工作，形成弘扬雷锋精神的强大社会效应。

弘扬雷锋精神，注重思想政治工作，探索多样的方式方法还应利用好当地资源。2020年4月，湖南省委宣传部印发《关于进一步规范新时代爱国主义教育基地工作的通知》（以下简称《通知》），对加强和改进新时代全省爱国主义教育基地工作提出明确要求。《通知》指出，各爱国主义教育基地展陈场所要打造推出一批主题突出、导向鲜明、内涵丰富的精品展陈；要加大红色文化传播力度，通过专门设置红色书籍、画册、音像制品陈列区，全面充分展示老一辈革命家的生平事迹、爱国情怀和革命思想，引导观众加深对党史、新中国史、改革开放史、社会主义发展史和中华民族发展史的学习了解；要充分利用革命历史类纪念设施、遗址的红色资源，以传承红色基因、培育时代新人为主题，为观众打造一堂爱国主义教育"公开课"。馆内的展陈内容要科学设计、合理编排，突出政治性、思想性、群众性、实效性，全面客观真实展现事件历程和时代价值、雷锋的生平和人格品质，做到见人、见物、见精神，让参观者更好地受到雷锋精神的洗礼。要结合清明节、烈士纪念日、国庆节等重要节点深化爱国主义教育主题活动，组织干部群众、特别是中小学生春游秋游就近到爱国主义教育基地开展红色教育活动，传承雷锋精神。不仅要在雷锋纪念日和雷锋月开展学习纪念活动，还应结合各相关时间节点，常态化组织人们向雷锋学习，常态化弘扬雷锋精神，让雷锋精神融入人民的血脉之中，力争让每一个人都能主动践行雷锋精神。

二、在思想政治理论课中传承雷锋精神

弘扬雷锋精神要充分运用好思想政治理论课这一平台，以高校为例，可从三个方面下功夫。

（一）提升课程理论深度

青年处在价值观形成和确立的时期，抓好这一时期的价值观养成十分重要。高等教育人才培养是青年学子教育的重要环节，是为我国社会主义现代化建设培养拔尖创新人才的重要渠道。高校必须坚持立德树人，把思想政治教育贯穿青年学子教育教学全过程，着力培养社会主义合格建设者和可靠接班人。要在青年学子思想政治教育教学全过程中坚持教育实质，紧紧聚焦"培养什么人、怎样培养人、为谁培养人"这一重大问题，充分弘扬雷锋精神等中国精神，在课程政治

化、伦理化、学术化有机结合过程中，着力培养具有历史使命感、社会责任心、创新精神和实践能力的创新型、应用型、复合型高水平优秀人才。

1.在政治化中将学雷锋目标融入学生理想

所谓思想政治理论课程政治化，就是将教学内容按照教育部课程教学大纲的要求，转化为有利于帮助学生坚定理想信念的教学整体方案的过程，帮助青年学子坚定道路自信、理论自信、制度自信、文化自信，在理论上引导青年学子听党话跟党走，成为像雷锋一样为民服务的好青年。营造课程思政的大环境，应先以思政课程的发展完善为基础。在开设与讲授思想政治教育理论课的过程中，高校应注重针对青年学子群体的特殊情况采取不同的引导方式，建立世界观、人生观、价值观教育的长效机制，坚持以团结稳定鼓劲和正面宣传为主，不断壮大主流思想舆论，巩固马克思主义在意识形态领域的指导地位，将向雷锋学习等课程目标融入学生理想，切实增强思想政治理论课立德树人实效。

2.在伦理化中将雷锋精神融入学生人格

合格的社会主义建设者和接班人既需要具有建设者的科学本领和实践能力，更需要具有接班人的价值引领和阶级自觉。青年学子思想政治教育应追求伦理化，通过课程教育将外在知识与规范转化为学生的内在责任意识，使其能够自觉践行雷锋精神。

所谓思想政治理论课程伦理化，就是将教学内容按照教育部课程教学大纲的要求，转化为有利于形成学生马克思主义伦理观的教学整体方案的过程。马克思主义伦理观就是全心全意为人民服务的价值观，这也是雷锋精神的重要内容。它是学生接受马克思主义的道德理论基础，为学生形成正确的利益观，正确处理生活中的利益关系提供了理论依据。高校应在思想政治理论课中注重引导学生正确认识世界和中国发展大势，正确认识青年学子的时代责任和历史使命，激励学生向雷锋学习，热爱钻研，创新成才，创业报国，使个人梦融入中国梦。注重介绍中国特色社会主义理论与实践的发展，结合当地特色弘扬红色文化，教育引导青年学子树立高尚的理想信念，如充分利用当地丰富的革命红色资源，实施红色文化教育资源库建设工程，开展"传承红色基因、担当复兴重任"主题教育等活动，深挖理论资源，巩固课堂教学效果。在夯实教学要求的基础上，持续发挥、改进思想政治理论课传授智慧的效用，通过伦理化更快更好地将青年学子培养成德才兼备的高素质人才。

3.在学术化中将雷锋精神变为活的知识

所谓思想政治理论课程学术化，就是将教学内容按照教育部课程教学大纲的要求，转化成有利于学生形成运用马克思主义理论分析社会问题、提高思辨能力的教学整体方案的过程。思想政治理论课的教学内容应在充分对青年学子进行调研的基础上，把雷锋精神与其感兴趣的时政热点问题、重点需要解决的理论问题、长期困惑学生的疑难问题等相结合，对现实问题做出科学回答。根据学生的文化背景和既有知识结构，注重将中华优秀传统文化融入青年学子思想政治理论课教学，更好地让中华优秀传统文化实现其当代发展。鼓励学生开展与思想政治课程相关的科学研究，引导学生自觉在专业研究中运用马克思主义立场观点方法，在学术化中将传承雷锋精神变为活的知识。

（二）提升课程价值品位

思想政治教育的最关键影响因素是人，确保思想政治理论课效果落到实处的最有力保障也是人。不同的专业背景、学科思维、知识储备等会导致学生对思想政治理论课具有不同需求，要使思想政治理论课达到因地制宜和因材施教，需要发挥教育对象积极性，不局限于课堂理论知识的传授，持续打造专业学习实践、思想政治教育实践、社会服务实践三大平台，多举措弘扬雷锋精神，引导青年学子爱国、励志、求真、力行。

1.围绕专业学习，彰显课程引导价值

在高校思想政治教育中，每一门课程、每一名教师都肩负育人功能，充分发挥马克思主义理论学科引领作用，改变传统高校教育重智育、轻德育的现象，高校应以青年学子专业课程为抓手辐射影响其理想信念，助力弘扬雷锋精神。应打造专业学习实践平台，不空谈马克思主义理论，而是要在青年学子培养过程中运用马克思主义的立场观点方法引导学生正确认识社会发展规律、国家前途命运以及自身社会责任，引导其自觉践行雷锋精神。高校应注重协同发力，优化思想政治理论课建设力量，以青年学子专业学习为圆心，积极寻找青年学子思想政治教育实践环节与办学治校各项工作的共通之处，在开展专业学习实践中全员全方位全过程培养学生能力，扩展青年学子思想政治实践教育宽度，形成"思想政治课程+"实践教育模式。

学校应注重引导教育者结合教育对象切实需求，提高实践教学比重，切实做到把思想政治工作贯穿教育教学全过程，使理论教育与实践教育相结合，专业教育与思想政治教育相结合，广泛开展各类青年学子学雷锋实践活动，补充思想政治课堂教学，延展专业理论学习，彰显引导价值。以向善求真作为评价标准，做到专业课程门门有思想政治，高校教师人人讲育人，使学生心存他人，与人为善；汲取知识，探求真理，更好实现对雷锋精神等相关思想政治教育内容的认同与内化。

2.围绕考核考试，引导深化知识运用

高校要基于青年学子群体的普遍心理特征和思想特点，有效加深其对于雷锋精神等学习内容的阅读能力、理解能力和辨析能力。在思想政治理论课上，应鼓励开展课堂展示、主题辩论、小组交流，鼓励采用"多形式—多阶段—多类型"考核模式，培养学生思辨能力、提升教师教学水平、形成良好学术氛围，更好地弘扬雷锋精神。

思想政治理论课考试的内容应引导学生关注社会热点、疑点、难点，考试的要求应是使学生掌握和运用马克思主义理论分析问题和解决问题的能力。学校可改革考试方式，加强过程考核，期末考试成绩占总评成绩的比例原则上不超过60%。注重思想政治教育实践，采用课堂临时小测验、经典文献研读体会、课后调研报告、小论文等灵活多样的方式，引导青年学子深化对雷锋精神等思想政治知识的运用。

3.围绕服务社会，发挥党员示范价值

思想政治理论课教育的培养目标之一是引导学生立足中国实际，把握时代发展特征，解决当前发展面临的重点和难点问题。完善社会实践学分管理办法有助于建立健全高校实践育人长效机制，应把学雷锋等社会实践纳入青年学子培养方案，制定社会实践实施细则，使社会实践制度化、规范化、常态化。同时，应积极与企事业单位、部队、地方政府等共同建立青年学子社会实践基地，努力实现人才培养和社会服务职能的融合，协同各方发力，形成多位一体的实践育人平台，以实干担当作为检验学生实践能力的评价标准，培养知行合一的人才。

培养学生的实践能力和创造本领是高等教育的重要内容之一，思想政治理论课是培育学生本领的有益助力。通过思想政治理论课教育使学生明确人民主体、坚持人民立场、保障人民权益，让他们明自创造力的来源主体、价值主体、利益主体有机统一于人民之中，从而将学到的知识运用于造福人民的实践中。学校应注重发挥青年党员的榜样作用，打造系统完善、体制高效、特点鲜明的青年学子社会实践工作体系，切实增强社会服务实践的育人成效；加大典型人物的培育和宣传力度，实施以"凝聚青春力量、闪耀青春光彩"等为主题的典型培育计划，定期开展优秀青年学子评选，增强仪式感，表彰激励学生，并组建青年学子优秀事迹报告团，做好宣讲。除宣讲雷锋先进事迹之外，还应注重宣讲雷锋式的身边榜样的事迹，与青年学子达成情感共鸣，深刻感染教育学生，引导学生不断提升马克思主义素养水平。在新时代践行雷锋精神，要结合个人专业知识和研究成果，发挥党员的先锋模范作用，以科研报告、技术开发和推广、科研成果转化等形式为提高人民生活水平、促进社会发展服务。要积极营造育人氛围，将学习感悟、社会需要和环境期望良性结合，自觉担起青年一代的历史责任，用青春弘扬社会正能量，用实干报效祖国、服务社会。

（三）提升学生思辨能力

校园环境文化是思想政治教育的重要一环，既是思想政治理论课提升学生思辨能力的文化载体，也是活动载体、传播载体、管理载体。高校应注重将弘扬雷锋精神等融入校园文化，寓教于境、行、情、管等各方面，运用思想政治教育载体全面提高人才培养能力，培养具有实干担当精神、社会精英素养和行业领军能力的全面发展的社会主义建设者和接班人。

1.宣传有利于雷锋精神传播的校园文化观念

思想政治课程在传授科学知识、培育向善求真的人才之外，还担负着传播主流意识形态的重任。高校应用好思想政治课程教育解读宣传好校园文化观念，在课堂上全面、全时引导，监督学生的理解与践行，打造良好的思想政治教育文化载体，以利于校园承担起寓教于境的教育责任。要将思想政治理论课的学术话语转化为学生较为容易接受的教学话语，贴近时代发展和生活实际，如选树宣讲新时代雷锋精神传人等，弘扬践行新时代雷锋精神。

高校应提倡教育者先受教育，教师自觉践行雷锋精神，才能影响学生真正内化雷锋精神，因此，培养一支理想信念坚定、师德高尚、理论功底扎实、教学效果良好、专兼结合、结构合理的高水平教师队伍十分重要。搭建学习交流平台，组织教师开展习近平新时代中国特色社会主义思想研究课题攻关，鼓励教师积极参与教学竞赛、督学评学等活动，从教师教学能力培训环节切入"三进"主题，提高教师把习近平新时代中国特色社会主义思想融入课堂教学的驾驭能力和运用水平。此外，学校还应注重与主流媒体联动发声，监守网络等社交平台，主动占领新阵地，保证教师在教学中投入情感。解读宣传好校园文化观念，使校园文化真正成为传播载体、管理载体，隐性教育和显性教育同向发力，寓教于情、寓教于管，引导青年学子内化践行雷锋精神等，提升青年学子思想政治理论课教学实效。

2.引导学生在第三课堂中践行雷锋精神

高校思想政治教育不仅要占领理论课堂、实践课堂，还要扩大在课余活动这一第三课堂中的影响力，充分发挥课堂教学、社会实践、校园文化的教育合力，使青年学子自觉践行雷锋精神。高校可探索打造网络新媒体矩阵和智慧学工大数据应用平台，积极探索移动互联和大数据环境下的网络思想政治教育新模式；深入实施"易班"推广行动计划和中国大学生在线引领工程，扩大网络育人参与率和覆盖面；举办大学生网络文化节，实施大学生网络文明素养教育工程，引导青年学子在网络教育等相关第三课堂中践行雷锋精神。

除了注重营造清朗的校园网络文化氛围，高校还应探索构建青年学子自我教育管理机制，更好发挥思想政治理论课在课堂教学之外的隐性教育功能，持续培育青年学子自觉担负社会主义建设者和接班人使命的主体意识。指导青年学子开展第三课堂活动，专设资金为青年学子自我教育搭建平台，支持青年学子组建实践团队，自选范围开展创新服务与调研。

3.用校园文化资源教育学生学习雷锋

思想政治理论课的教学目标之一是提高学生马克思主义理论素

养，实现这一目标应充分借助校园文化的力量。高校要统筹设计搭建丰富多样的学术论坛等人文社科类学术教育载体、高雅艺术进校园等人文艺术类教育载体、雷锋岗等志愿服务实践育人类教育载体，同时结合传统的演讲、征文、摄影、微电影等途径，切实用高品位校园文化资源教育培养学生，运用活动载体寓教于行，提升青年学子思想政治理论课的课上教学效果。

高校还要在青年学子学术科技活动中融入思想政治教育内容，引导青年学子在学术研究中与国家需求相对接。强化学术交流研讨，把青年学子参与学术交流与研讨纳入青年学子教育培养方案，加大学分构成比重，制订青年学子学术研讨实施细则。鼓励和支持青年学子参与国家重大科研项目、参加国内外高层次学术交流。办好青年学子名师讲坛、创新论坛、学术沙龙等活动，积极组织青年学子参加各类科研竞赛。重视青年学子学术道德，将提升学术道德修养作为青年学子政治理论教育的重要内容，列入评奖评优考核体系。

高校应持续强化专题培训，指导教师将习近平新时代中国特色社会主义思想丰富内涵转化为与课堂相符合的生动话语，融入备课、上课、作业、评价各环节。持续加强思想政治理论课建设，坚持集体备课，创新教学方法，以统编教材为基础构建"在线+面授+实践"混合式教学体系，增强思想政治理论课程的时代感和吸引力。持续加强课程教学资源建设，搭建资源共享平台，为习近平新时代中国特色社主义思想有机融入教学提供经验和案例。依托课程、课堂、社团、讲座、社会实践等渠道，用接地气、形象化、通俗化的方式开展宣传教育活动，让师生在实际体验中深化对习近平新时代中国特色社会主义思想的理解，引导青年学子群体真学、真懂、真践行雷锋精神，弘扬传承中华优秀传统文化和革命文化。

附录 1
雷锋日记节选

一九五九年十月二十五日

青春啊，永远是美丽的，可是真正的青春，只属于那些永远力争上游的人们，属于劳动的人，永远谦虚的人。

在党的教育下，思想开阔了。我懂得了这个道理：一朵鲜花扮不出美丽的春天，一个人先进总是单枪匹马，人人先进才能移山填海。

一九五九年十一月二日

我学习了毛主席著作以后，懂得了不少道理，心里感到特别亮堂，工作越干越有劲，只觉得这股劲永远也使不完。

我为了群众尽了一点应当尽的义务，党却给了我极大的荣誉，去年我被评为先进生产者，出席了鞍山市青年建设积极分子大会，这完全是党的培养，是毛主席思想给了我无穷的力量，是广大群众支持的结果。我要永远地记住：

一滴水只有放进大海里才能永远不干，

一个人只有当他把自己和集体事业融合一起的时候才能有力量。

力量从团结来，智慧从劳动来，

行动从思想来，荣誉从集体来。

我要永远戒骄戒躁，不断前进。

一九五九年十一月十四日

今天，我感到特别的高兴，一天紧张的工作过后，一点也不感到疲倦，我感到浑身是劲。深夜了，我坐在车间调度室里，看一本学习毛泽东的思想方法和工作方法的书，我真是看得入了迷，越看越想到毛主席的英明和伟大。

十一点钟了。我走出门外，天黑得伸手不见五指，突然下起雨来了。陈调度员说："我们建筑焦炉的工地上，还散放着七千二百多袋水泥。"他急得一时手足无措。我急忙跑到二楼段长办公室叫醒了刘段长。从段长办公室里走出来时，雨越下越大了。这时，我猛然想起党教导我们要爱护国家财产，又想起了我是个共青团员，一种无穷的力量，鼓舞着我跑到工地上抢盖水泥。我脱下自己的衣服，盖在水泥上，然后又跑到宿舍，把自己的被子、褥子都拿出来去盖水泥，我还发动了二十多个小伙子，组织了一个"抢救水泥突击队"。有的忙找雨衣，有的找苇席，盖的盖，抬的抬，经过一场紧张的劳动，使国家的财产免受重大损失。

这时，我才松了一口气，抹掉了头上的汗，回到宿舍，心平气和地进入了甜蜜的梦乡。我为自己给国家、给党做了一点点应该做的工作而感到高兴。

一九五九年十二月十二日

一个人出生到世界上来以后，总要活上几十年。从成年到停止呼吸的几十年的生活，就构成个人自己的历史。至于各人自己历史的画面上涂的颜色是白的，灰的，粉红的，或者是鲜红的，虽然客观因素起一定作用，而主观因素却起决定性的作用。每个人每时每刻都在写自己的历史，每个共产党员和共青团员都应好好地想一想，怎样来写自己的历史。每个共产党员、共青团员，都要以马列主义毛泽东思想来做自己思想行动的指导，我要永远保持自己历史鲜红的颜色。

一九六〇年一月八日

今天，是我永远不能忘记的日子。我穿上了军装，光荣地参加了中国人民解放军，我好几年的愿望在今天实现了，我真感到万分地高兴和喜悦，这是我一生中最大的幸福。……

我要坚决发扬革命部队里的优良传统，向董存瑞、黄继光、安业民等英雄们学习，头可断，血可流，在敌人面前决不屈服。我一定要做毛主席的好战士，我要把我最可爱的青春献给祖国，献给人类最壮丽的事业。

今天我太高兴太激动了，千言万语也表不完我的心情。

一九六〇年一月十二日

今天，我看了一篇文章，那上面讲了许多怎样向困难作斗争的道理。文章中说：

"斗争最艰苦的时候，也就是胜利即将到来的时候，也就是最容易动摇的时候。因此，对每个人来说，这是个'关口'。经得起考验的，通过了这一关，那就成了光荣的革命战士；经不起考验的，通不过这一关，那就成了可耻的逃兵。是光荣的革命战士，还是可耻的逃兵，那就要看你在困难面前有没有坚定不移的信念了。"文章中还说：

"困难里包含着胜利，失败里孕育着成功，革命战士所以伟大，就是他们能通过困难看到胜利；透过失败能看到成功，因此他们即使遇到天大的困难，也不会畏怯逃避；碰到严重的失败，也不泄气灰心，而永远是干劲十足，勇往直前，终于成为时代的闯将。"

这些话对我有深刻的教育作用,我要在困难中做个光荣的革命战士,绝不做可耻的逃兵;我要作暴风雨中的松柏,绝不作温室中的弱苗。

一九六〇年一月十八日

唱支山歌给党听,我把党来比母亲,母亲只生我的身,党的光辉照我心;旧社会鞭子抽我身,母亲只会泪淋淋,共产党号召我闹革命,夺过鞭子揍敌人……。

一九六〇年三月十日

今天,我在电影里,看到了英雄的革命战士董存瑞的光辉形象。他为了党和人民的事业,为了人类的解放而献出自己宝贵的生命。这种崇高的精神是值得我永远学习的。

今天,我国的领土台湾还被美帝国主义和蒋介石霸占着,世界上还有三分之二的穷人没有得到解放,他们没有吃没有穿,受着压迫、剥削,我绝不能眼看着他们受欺凌,一定要将革命进行到底,解放所有受苦受难的人民。

一九六〇年八月二十日

抚顺市望花区成立了人民公社,我把平时节省下来的一百元钱,支援了他们；辽阳市发生水灾时，我把省吃俭用节约的一百元钱寄给了辽阳灾区人民。

有些人看我平时舍不得花一个钱，说我是"傻子"。其实，他们是不知道我要把这些钱攒起来，做一点有益于人民、有利于国家的事情。如果说这就是傻子，我甘愿做傻子，革命需要这样的傻子，建设祖国也需要这样的傻子，我就是长着一个心眼：我一心向着党，向着社会主义，向着共产主义。

一九六〇年十月二十一日

今天吃过早饭，连首长给了我们一个任务：上山砍草搭菜窖。……劳动到了十二点，大家拿着自己从连里带来的一盒饭，到达了集合地点，去吃中午饭。当时，我发现王延堂同志坐在一旁在看着大家吃，我走到他面前一看，他没有带饭来，于是我拿了自己的饭给他吃，我虽饿点，让他吃饱，这是我最大的快乐。我要牢牢记住这段名言：

"对待同志要像春天般的温暖，

对待工作要像夏天一样的火热，

对待个人主义要像秋风扫落叶一样，

对待敌人要像严冬一样残酷无情。"

一九六〇年十一月八日

今天是我永远不能忘记的日子,我光荣地加入了伟大的中国共产党,实现了自己最崇高的理想。

我激动的心,一时一刻也没有平静下来。伟大的党啊!英明的毛主席!有了您,才有了我新的生命;我在九死一生的火坑中挣扎,盼望着光明时刻的到来,是您,把我拯救出来,给我吃的穿的,送我念书,培育我戴上了红领巾,加入了光荣的共青团,参加到祖国的工业建设岗位,又走上了保卫祖国的战斗岗位……。是您,使我从一个放猪出身的穷孩子,成长为一个有一定政治觉悟的共产党员。我要永远听党的话,在您的教导下尽忠效力,永远做祖国人民的忠实儿子。我要全心全意地为人民服务,永远做人民群众的忠实的勤务员。为了党的事业,为了全人类的自由、解放、幸福,就是入火海上刀山,我也心甘情愿!就是粉身碎骨,也是赤胆红心,永远不变!

一九六一年一月二十四日

看问题不要只看现象,要从现象中抓住本质。有人说南方地主剥削农民轻些,北方狠些,这都是不正确的。张三是活阎王,李四是笑面虎,绝不能说李四比张三好些。天下乌鸦一般黑。

一九六一年五月三日

对于落后的东西,我们要去扫除,就像用扫帚扫房一样。从来没有不经过打扫而自动去掉的灰尘。

通过学毛主席著作和自己实践,我深深认识到毛泽东思想是做好一切工作的根本保证。今后我要更好学习毛主席著作,用它武装自己头脑,指导一切行动,永久做一个有益于人民的人。

一九六一年七月一日

今天是党的四十周年生日,我有向党说不尽的话,感不尽的恩,表不尽为党终身奋斗的决心。我一个放猪的孤儿直到战士、党员、人民代表,这一切是我做梦也想不到的。可以肯定地说,没有党就没有我。每当朋友们称赞我,我就感到不安。我像个学走路的孩子,党像母亲一样扶着我,领着我,教会我走路,我每成长一分前进一步,这里面都渗透着党的亲切关怀和苦心栽培。

亲爱的党——我慈祥的母亲,我要永久做您忠实的儿子,为实现共产主义,献出自己全部的力量,直至生命。

一九六一年七月二十二日

毛主席写的《纪念白求恩》我早已读了。白求恩的国际主义和共产主义精神感动得我流泪,对我教育和启发特别大,他那毫不利己、专门利人之心，鼓舞和鞭策了我的进步，使我收获不少。

今天副指导员又给我们上了这一课，我又反复地看了数遍，所受教育更深刻。白求恩为了帮助中国的抗日战争，贡献出了自己的生命，可是我呢，为党为人民又做了些什么呢？我的技术还不够熟练，……我一定要加紧学习，保证开得动。

通过这篇文章的学习，使我深刻认识到：一个人活着，就应该像白求恩同志那样，把自己的全部力量和整个生命献给为人类解放的事业，建设共产主义的事业。

一九六一年十月一日

今天是国庆节，我格外高兴，在这伟大的节日里，我加倍惦念英明的领袖毛主席。

敬爱的毛主席呀，毛主席，我天天想，日日盼，总想见到你，你老人家的照片，我每天要看好几次，你老慈祥的面孔，我在梦中经常见到。我多么想念呵！何时能够见到你，可现在我还差得很远。没有做出什么成绩，对人民没有多大贡献。但是，我有决心听你老人家的话，永远站稳立场。我要像松树那样，不怕风吹雨打，四季常青；我要像柳树那样，插到哪里都能活；我要紧紧和人民联系在一起，在人民中生根、成长、结果，作人民最忠实的勤务员。

我要以坚强的毅力，顽强的劳动，刻苦学习，做好工作，争取见到毛主席。

一九六一年十月二日

我做事老爱一个人干，不爱叫别人，生怕人家不高兴。

今天连长找我谈话，句句打动了我的心。他说："火车头的力量很大，如果脱离了车厢，就起不到什么作用。一个人做工作，如果脱离群众，就会一事无成。"连长的话给我很大教育，使我懂得，一个人只有和集体结合在一起，才能有力量。

今天我发动全班同志打扫卫生，事实证明连长的话很正确。今后我无论做什么，定要走群众路线，依靠群众，发动群众，团结群众一道为建设共产主义贡献力量。

一九六一年十月十七日

一块好好的木板，上面一个眼也没有，但钉子为什么能钉进去呢？这就是靠压力硬挤进去的，硬钻进去的。看来，钉子有两个长处：一个是挤劲，一个是钻劲。我们在学习中，也要提倡这种钉子精神，善于挤，善于钻。

一九六一年十月二十日

人的生命是有限的，可是，为人民服务是无限的，我要把有限的生命，投入到无限的"为人民服务"之中去。

一九六一年十一月二十六日

我学习了毛泽东选集第一至四卷以后，感受最深的是：怎样做人，为谁活着。

我觉得要使自己活着，就是为了使别人过得更美好。我要以黄继光、董存瑞、方志敏……等同志为榜样，做一个热爱祖国，热爱人民，永远忠实于党、忠实于人民革命事业的人。

一九六一年十二月三十日

我们班里乔安山同志的母亲病了，来信叫他回家看看，上级批准他三天假。可他很着急，想买点东西给母亲吃，钱又不够。我想：他的母亲也就是我的母亲，他有困难也等于是我有困难，就拿出自己的十元津贴费，还买了一斤饼干，一起送给他，乔安山接到东西后说："班长，我太感谢你了。"

一九六二年一月十四日

在最困难最艰苦的工作中，我想起了黄继光，就浑身是力量，信心百倍，意志坚强。

在最复杂的环境中，在外出执行任务中，我想起了邱少云，就严格要求自己，很好遵守纪律。

在得到福利和享受的时候，我想起了白求恩，就"先人后己"，把享受让给别人。

当个人利益和国家、党和人民利益矛盾的时候，我想起了过去家破人亡到处流浪的苦日子，就感到党的恩情永远报答不完。

一九六二年二月五日

今天是大年初一，大家愉快地欢度佳节……我想了想，每逢过年过节正是各种服务部门忙的时候，这些地方多么需要人帮助呀！

我向副连长请了假，直奔抚顺车站。我刚到，正好一列火车进站，我看见一位老太太背着一个大包袱上车，很吃力，我急忙跑过去，接过老太太的包袱，扶着她上了车，给她找了个座位，才放心。老太太紧握着我的手说："你真是毛主席和共产党教育出来的好兵！"

我扫候车室，给旅客倒开水，他们说：解放军真好！

我这样做，能使人民群众更加热爱党，热爱毛主席，热爱解放军，这就是我感到最幸福的。

一九六二年二月二十七日

雷锋呀，雷锋！我警告你：

牢记，千万不可以骄傲。你永远不能忘记，是党把你从虎口中救出，是党给了你一切，至于你能做一点事情，那是自己应尽的义务，你每一点微小的成绩和进步，都要归功于党，要记在党的账上。

一九六二年三月四日

我要做高山岩石之松，不做湖岸河旁之柳。我愿在暴风雨中，艰苦的斗争中锻炼自己，不愿在平平静静的日子里度过自己的一生。

一九六二年三月二十八日

我们要真正学到一点东西，就要虚心。装知诚的碗，像神话中的"宝碗"，永远也装不满。

一九六二年四月十五日

黄继光这本书，我不止看过一遍，而且含着激动的眼泪，一字字，一句句，读了无数遍。甚至，我能把这本书背下来。我每当看完一遍，就增加一分力量。受到的教育一次比一次深。

我定要像黄继光那样，贡献自己的生命，作祖国人民的好儿子。

一九六二年四月十七日

一个人的作用，对革命事业来说，就如一架机器上的一颗螺丝钉。机器由于有许许多多螺丝钉的连接和固定，才成了一个坚实的整体，才能够运转自如，发挥它巨大的工作能力。螺丝钉虽小，其作用是不可估计的。我愿永远做一个螺丝钉。螺丝钉要经常保养和清洗，才不会生锈。人的思想也是这样，要经常检查才不会出毛病。

一九六二年五月八日

发放夏衣，本应领两套军衣，两双胶鞋。可我想，国家的东西都是宝贵的，我只领了一套衣服、一双鞋，其他用品也少领。以前用过的东西，我都修补好了，继续使用。我觉得现在穿一套打补丁的衣服，也比我过去流浪时披的破麻袋好千万倍。

一九六二年五月二十日

下午我在保养汽车，突然下大雨，我正在盖车时，见路上一位妇女，抱着一个女孩，右手拉着一个五六岁的小孩，左肩上还背了两个行李包，走起路来真是吃力。我急忙走向前，问她从哪里来，到哪里去，她说从哈尔滨来，到樟子沟去。她还告诉我说："兄弟呀！我今天遭老罪啦，带两个孩子还背一些东西，天又下雨，天快黑了，还要走十多里路才能到家，现在我都累迷糊了，我哭也哭不到家呀！"

我听她这么说，心里很过不去，我跑回部队驻地，拿着自己雨衣给那位妇女，我又抱着她的孩子，冒着风雨送她们回家。在路上，我看那小孩冷得发抖，我主动脱下自己的衣服给他穿上；走了一点四十分钟，终于把她们送到家，那妇女激动地对我说："兄弟呀，你帮了我，我一辈子也忘不了你。"我说"军民一家嘛，何必说这个……"风雨没停，他们都留我住下，我想，刮风下雨天黑算得了什么，一定赶回部队，明天照常出车。我边走边想，我是人民勤务员，自己辛苦一点，多帮助人做点好事，这就是我最大的快乐和幸福。

一九六二年八月六日

我今天听一位同志对另一位同志说："人活着就是为了吃饭……。"我觉得这种说法不对，我们吃饭是为了活着，可活着不是为了吃饭。我活着是为了全心全意为人民服务，是为了人类的解放事业——共产主义而奋斗。

一九六二年八月十日

今天我又认真学习了毛主席在中国共产党第八次全国代表大会上的开幕词，其中有两句话："虚心使人进步，骄傲使人落后"。这是千真万确的真理。过去按毛主席的教导做了，所以进步了；现在，我仍要牢记主席的这一教导，更好地做到这一点，永远做群众的小学生，做人民的勤务员。

附录2
毛主席的好战士——雷锋

在沈阳，在辽宁的每个城市，在中国人民解放军沈阳部队每个连队里，人们都在谈论着一个普通战士的名字——雷锋。这位被誉为毛主席的好战士、无产阶级革命战士的解放军某部班长，正当生命火花四射的时刻，竟与世永诀了。他的整个生命还不到二十二年，可是，他却给人们留下了一部鲜红鲜红的历史。

雷锋——这个贫苦农民的儿子，从小生活在非人的极端贫困和饥饿里，直到解放，他才第一次感到人间的温暖。党从死亡中救了他，他热爱党，热爱毛主席，热爱解放军，而对旧社会的压迫者和剥削者怀着无比的仇恨。十岁，他参加了对敌人——地主阶级的斗争，十六岁起，投入了建设社会主义祖国的行列，当过国营农场的拖拉机手，参加过鞍钢的建设，一九六○年，他又成了保卫祖国的中国人民解放军的一员。在革命部队里，他光荣地参加了中国共产党。在党的教育培养下，他坚定地树立了终身为共产主义事业奋斗的伟大理想。在日常生活中，他一直把革命利益放在第一位，他听党的话，他努力学习毛主席的著作，他关心别人胜过自己，他英勇顽强而又艰苦朴素……。这些年来，他为党和人民做了许多有益的事情。雷锋的历史是一部深受民族压迫、封建剥削和资产阶级压榨的劳动人民的血泪史，是一个工农兵群众自觉的革命斗争的历史。

牢记阶级敌人杀亲之仇

雷锋生在湘江畔望城县安乐乡的一个雇农家里。当他刚刚懂得想念爸爸的时候，爸爸因为参加抗日斗争，被日本强盗活埋了。扔下母子四人，饥饿难当，妈妈让刚满十二岁的哥哥进工厂当了童工。可是，机器把哥哥的小胳臂轧断了，资本家一脚把他踢出了工厂。哥哥回家没钱医治，活活疼死在妈妈的怀里。接着，小弟弟也饿死在床上。苦命的妈妈为了保全这最后一条命根，忍气吞声地给一家姓谭的地主帮工。哪知道，妈妈在这地主家里，竟被少东家强奸了。这位饱受摧残的善良妇女，终于在一九四六年七月十五日的晚上，含恨悬梁自尽了。她留给了雷锋两句遗言：愿老天保佑你自长成人，给全家报仇！

附录2 毛主席的好战士——雷锋

这时,雷锋还不满七岁。他在失掉一切亲人之后,地主又强迫这个孤苦伶仃的儿童给放猪。住的是猪栏、吃的是霉米。冬天,衣不遮寒,他挤在猪仔窝里,偎着母猪肚皮取暖。一天,地主的狗偷吃了他的饭,雷锋打了这条狗一下,不料惹出大祸,地主谭老三挥起一把剁猪草的刀,朝雷锋左手连砍三刀,把他赶了出来。

小小年纪的雷锋并没有因此而失去生活的勇气。他记着妈妈死前的话,一心要活下去,为全家报仇。他用泥土糊住刀伤,逃进深山,拾野果,喝山水,有时用手攀些树条,到村中换饭吃。夏天让蚊虫咬烂了全身,冬天在山庙里冻得难熬,但他还是顽强地生活着。不过,经过两年非人生活的折磨,他已经枯瘦不堪了。

正在雷锋濒于死亡的时刻,他的故乡解放了。人民政府的乡长彭德茂,从深山破庙里找到了遍体鳞伤的雷锋,送他进了医院,治好了满身的脓疮。当彭乡长拿着给他做的新衣裳,接他出院的时候,雷锋双膝跪在彭德茂的脚下,喊着"救命恩人哪!"从妈妈死后,他第一次流下热泪,也是第一次下跪。彭德茂急忙扶起他,抚摸着他的头说:"我们的救命恩人,是毛主席,是共产党,是解放军,现在,可以给你的父母兄弟报仇了!"从此,雷锋苦尽甜来。他怀着对压迫者和剥削者的深仇大恨,十岁那年(一九五〇年)便手执红缨枪,投入了反封建的斗争。当时他是儿童团长,和一队同命运的小伙伴,押着恶霸地主游街。在斗争大会上,他用被砍伤的手,揪着害死妈妈的地主问罪。他亲眼看到人民政府枪决了那地主,为他,为千百万穷人报了仇。

人民政府免费供这个苦孩子上了小学。他最先学会了"毛主席万岁"五个字。他默默地对死去的妈妈说:"老天没有保佑我,是毛主席,是共产党救了我的命。"他用六年时间便学完了从小学到初中的九年功课;尽管人民政府决定供他念完大学,他却急不可耐地要为祖国社会主义建设添砖加瓦。这时,他才十六岁。

发无产阶级之愤

雷锋从十岁就想当兵为亲人报仇。可是,当时他年纪太小,解放他的家乡的一位解放军连长对他说:"你的仇,大家替你报!等你长大了,建设咱们的新中国吧!"雷锋长大了,果然献身于祖国的社会主义建设。不论参加农业生产,当国营农场拖拉机手,还是从温暖的南方来寒冷的东北鞍钢开推土机,他都恨不得把自己的手臂变成顶天立地的钢梁,把祖国的社会主义大厦赶快支撑起来。

在一九五八年秋天,在党中央发出大办钢铁的号召不久,鞍钢派人到雷锋所在的团山湖农场招收青年工人。因为雷锋懂得钢铁同祖国建设的关系,便毅然报名应招。到了鞍山,他驾起了推土机。他驾驶的"斯大林80号"推土机,车体高大,一位老师傅怕累坏了他,要给他换个小型的机车。他说:"开大车干大活,再困难,我也能够克服。"不久,鞍钢为了发展钢铁生产,化工总厂要在弓长岭建一个化工分厂,动员一批工人去搞基本建设,雷锋第一个报了名。有人对他说,那里吃没好吃,住没好住,劝他不要去。雷锋听了非常生气,他说:"正因为那里是这样,我才情愿去!"他去了,什么活重干什么活,不管多么艰苦,他都毫不畏惧地迎上前去。

这个贫苦农民的儿子,经过工人阶级队伍的锻炼,视野更加宽阔了,革命责任感更加强烈了。在一九五九年十二月三日,他听了征兵报告之后,第二天一大早,就到征兵站报名应征。他知道自己的身材太矮,很担心身体检查不及格。在兵役局量身高的时候,他偷偷地踮起了脚,军医发现了,笑了笑,让他再量一次,结果只有一百五十二厘米高;量体重时,尽管他站在磅秤上用力往下压,也只有四十七公斤;身高、体重都不合格。医生又发现他身上有许多伤疤。提起这伤疤,他立刻流下了泪水,跟医生讲述了自己的苦难童年。他说:"记起过去的仇恨,我非参军不可。"医生很同情他,让他去找兵役局再谈谈。他跑到兵役局找到了来接新战士的荆营长,他拉着荆营长的手,诉说了自己过去的一切。他说:"想起过去,想到咱们国家周围还有美帝国主义,我的心就催促我拿起武器保卫祖国……。"他讲着讲着哭了,荆营长也流下了热泪。荆营长以老战士的名义,收下了这个新兵。

作为一个战士,雷锋深知战士的责任。这里有一段与洪水搏斗的故事,可以感到这个革命战士的责任感是多么强烈:

一九六〇年八月,当百年不遇的大洪水袭击抚顺的时候,雷锋所在连队接受了参加抗洪抢险的命令。当时,雷锋身体不好,连长让他留下来休息。他却找到连长恳求说:"洪水正威胁人民的生命财产的安全,我在家呆不住,我请求和连队一块儿去!"由于他百般要求,连长和指导员最后同意了。

情况很紧张,昼夜不停的大雨,倾满了上寺水库,中共抚顺市委决定开掘溢洪道以防万一,并把这个艰巨任务交给了部队。雷锋同他的战友们,顶着大雨,踏着泥浆,连夜挖掘溢洪道。他挥锹猛挖,突然锹板脱落了,天黑看不见,找不到,他就甩掉手中的锹把,用手挖泥。时间长了,手指磨破了,鲜血掺着稀泥,溅满了他的军装。卫生员让他下去上点药,他说:"眼前的洪水,岂不和万恶的敌人一样,哪能为点轻伤误了大事!"

天快亮了,当部队集合被换下要去休息时,雷锋突然晕倒在地。连长立刻命人把他扶到老乡家去。打针,服药,护理了一天,雷锋觉得轻松了许多。傍晚,外边一响起集合的哨音,他趁卫生员没留神,拔腿就跑,又闯进了夜雨蒙蒙的工地。

在这以后不久,在部队党组织的教育下,他光荣地参加了中国共产党。

活着就是为了使别人过得更美好

共产党员雷锋，在他的一言一行中，都闪耀着灿烂的共产主义光辉。

他在日记中曾经写道："我觉得要使自己活着，就是为了使别人过得更美好。我要以黄继光、董存瑞、方志敏……等同志为榜样，做一个热爱祖国、热爱人民，永远忠实于党、忠实于人民革命事业的人。"

这就是他的人生观，这就是他的生活目的。他是个运输兵，是个班长，但他不满足于仅仅完成自己的本职工作，总想多做些事。连队各项活动他几乎全部参加了。连队俱乐部的学习委员是他，他热心地帮助大家学习毛主席著作，买书、借书给大家看，给大家读报，宣传党的方针政策和国内外大事。开展文化学习时，他主动请求担任兼职教员，在业余时间里，给大家讲课，批改作业。他是技术学习小组长，也是连队的教歌骨干，他还担任了部队驻地附近小学少年先锋队的辅导员。对他来说，事情越多越好，为党为人民工作，他有无限的热情和精力。和他生前一起相处的战友告诉我们，什么个人打算呀，情绪不高呀等等，根本和雷锋沾不上边，他整天笑容满面，心里想的除了工作就是学习。他认为那些"闹名誉，闹地位，闹出风头"的人一个个都是"没出息"！

永远的榜样：雷锋

这里记述的是雷锋的一些小事：

有一次，他到安东去参加军区体育运动大会，从抚顺一上火车，就主动做了义务列车员，擦地板、擦玻璃，帮妇女抱孩子，给老人找坐位，冲茶倒水，忙个不停，稍一有空，又拿出报纸，给旅客读报。

另一次，他外出在沈阳换车时，看见一个从山东来的中年妇女，急着要到吉林去探亲，可是车票在中途丢了。他看她情真意切，二话没说，就领着这位大嫂到售票口，自己掏钱买了张车票，又带着她上了车。

一个星期天，他肚子疼，到医务所去看病，经过一个建筑工地，那火热的劳动场面，立刻吸引了他。他忘了自己是个病号，奔到推砖场，操起一辆小车就推起砖来了，心想：能为社会主义建设添一块砖也是好的。这个来历不明的解放军战士，越干越欢，车子推得飞快，脸上流着汗水，使全工地的建设者受了很大的鼓舞，不久工地广播站传出了"向解放军学习"的声音。最后当工人们知道他是个病号时，都万分感动，大家写了表扬他的大字报，敲锣打鼓把他送回营房。

雷锋每月的津贴除了交党费、买肥皂、理发和买书而外，全部存入银行。班里有的新战士问他："你就是一个人，何必这样熬苦自己呢？"雷锋回答说："谁说我熬苦自己，现在的生活比我过去受的苦真是好上天了。"雷锋存那些钱准备干什么用呢？谜底到底揭开了：部队领导机关先后收到了中共辽阳县委办公室、抚顺望花区和平人民公社的来信，感谢雷锋在辽阳遭受特大洪水灾害和城市人民公社刚成立的时候，分别寄来了一百元钱。雷锋同志的一位同班战友更接到一封奇怪的家信，这位战友的父亲在信中说：寄来的二十元钱已经收到，我的病已经好转，望你在部队安心。后来一打听，又是雷锋做的。为什么要这样做？雷锋在日记上写道："有些人看我平时舍不得花一个钱，说我是'傻子'。其实，他们是不知道我要把这些钱攒起来，做一点有益于人民、有利于国家的事情。如果说这就是傻子，我甘愿做傻子，革命需要这样的傻子，建设祖国也需要这样的傻子，我就是长着一个心眼：我一心向着党，向着社会主义，向着共产主义。"

雷锋这样处处表现出毫不利己、专门利人的高尚风格，是为了夸耀于人，求得领导的表扬和同志们的称赞吗？不是。运输连的指导员高士祥同志告诉我们说，雷锋丝毫也没有这样的思想，他做了好事从来也不对人讲。那次抱病在工地运砖，人们再三问他的名字，他始终不说，只说是附近部队的。人们握着他的手对他表示感谢时，他却说"这是我应该干的"。在沈阳车站给那位山东大嫂买了车票，她问他在哪个部队、叫什么名字时，他却幽默地说："叫解放军，住在中国。"

严格要求自己，努力锻炼自己

　　雷锋同志的革命品质所以可贵，就可贵在"自觉"这两个字上。在毛主席发出迎接合作化高潮的伟大号召的时候，他响应号召，参加合作社当了一个有文化的农民；当祖国号召要建设社会主义新农村的时候，他当上了第一批拖拉机手；当祖国号召大办钢铁的时候，他又报名投入了鞍钢工人的先进行列；当祖国处在帝国主义、反动派、现代修正主义的进攻之下，他又积极争取当上了一名祖国的保卫者、人民解放军的战士。入伍那天，他在自己的日记上写道："我要坚决发扬革命部队里的优良传统，向董存瑞、黄继光、安业民等英雄们学习，头可断，血可流，在敌人面前决不屈服。我一定要做毛主席的好战士！"参军以后，他又以自己的行动，实践自己的诺言。虽然旧社会留给他三条刀痕和一个有胃病的身体，但他严格地要求自己，努力锻炼自己。当他刚入伍投掷手榴弹不及格的时候，在全班同志帮助下，他以勤学苦练来弥补，终于在正式演习时达到"优秀"的水平。党的艰苦朴素的优良传统，他时刻牢记在心头。按规定，部队每年夏天发两套军装，他却领一套。他说："我一套就够穿，破了可以补一补，给国家能省一点是一点。"他用的搪瓷脸盆、口杯，上面的瓷几乎全脱落了，像是用黑铁做的。他穿的袜子补了又补，完全改变了原来的模样。他看到有的人吃饭时掉了一粒米在地上，乱花了一分钱，

附录2 毛主席的好战士——雷锋

他都善意地提出批评,耐心地进行帮助。

革命的自觉性决不同于盲目的自发性。雷锋的自觉性是建立在活学活用毛主席思想的基础上的。参军后的这几年,他响应部队党组织的号召,在人民解放军这个大学校里抓紧了一切学习时间,读完了毛泽东选集一至四卷,其中有些文章更反复阅读过好多遍。在学习中,他深深体会到学习得越多越深,思想越开朗,胸怀越开阔,立场越坚定,理想越远大。

在雷锋同志一生的前进道路上,并不是没困难的,他是在不断克服困难的过程中,依靠党和群众,自觉地锻炼自己的革命意志。农业战线上的治水模范,工业战线上的先进生产者、红旗手,解放军中的五好战士,团组织中的模范团员,抚顺的人民代表等光荣称号,就是雷锋以自觉的主观努力,克服各种客观困难的最好证明。

雷锋在一九六二年八月十日的日记中写道:"今天我又认真学习了毛主席在中国共产党第八次全国代表大会上的开幕词,其中有两句话:'虚心使人进步,骄傲使人落后'。这是千真万确的真理。过去按毛主席的教导做了,所以进步了;现在,我仍要牢记毛主席的这一教导,更好地做到这一点,永远做群众的小学生,做人民的勤务员。"

就在写出这些思想、并准备更加奋发为党工作后的第五天——一九六二年八月十五日,雷锋同志在执行勤务中,不幸牺牲了。

雷锋同志的生命的火花是熄灭了,然而他的思想的火花将永远放射光芒。正如中国人民解放军总参谋长罗瑞卿和中共中央东北局第一书记宋任穷同志题词中说的:"伟大的战士——雷锋同志永垂不朽!""革命精神永垂不朽!"

(甄为民、佟希文、雷润明,《人民日报》1963年2月7日第2版)

把雷锋精神代代传承下去

"雷锋是时代的楷模,雷锋精神是永恒的。"习近平总书记深刻指出:"我们既要学习雷锋的精神,也要学习雷锋的做法,把崇高理想信念和道德品质追求转化为具体行动,体现在平凡的工作生活中,作出自己应有的贡献,把雷锋精神代代传承下去。"

雷锋是一位把自己短暂的一生全部献给了党、献给了人民的好战士,生前系原工程兵工程某团汽车连班长,1962年8月执行运输任务时不幸殉职。雷锋以短暂的一生谱写了壮丽的人生诗篇,树起了一座令人景仰的道德丰碑,是全国人民学习的光辉榜样。他"一心向着党,向着社会主义,向着共产主义",体现了热爱党、热爱祖国、热爱社会主义的崇高理想和坚定信念;他立志"做一个对人民有用的人",体现了服务人民、助人为乐的奉献精神;他甘当"螺丝钉",在平凡的岗位上做出了不平凡的事迹,体现了干一行爱一行、专一行精一行的敬业精神；他通过学习钻研，不断地丰富和提升自己，体现了锐意进取、自强不息的创新精神；他"不乱花一分钱，不乱买一寸布，不掉一粒粮，做到省吃俭用，点滴积累，支援国家建设"，体现了艰苦奋斗、勤俭节约的创业精神……雷锋身上所具有的信念的能量、大爱的胸怀、忘我的精神、进取的锐气，正是我们民族精神的最好写照。

精神的力量是无穷的，榜样的力量也是无穷的。几十年来，雷锋的事迹在祖国大地到处传颂，学雷锋活动在全国各地蓬勃开展，雷锋精神在广大干部群众中广为传扬。在雷锋精神的感召下，一代又一代中国人奋发向上、忘我奉献，涌现出一大批学雷锋的先进典型、道德模范、感动中国人物等，产生了广泛而深远的社会影响。从"一不怕苦、二不怕死"的王杰，到勇拦惊马救下6名儿童而壮烈牺牲的"雷锋式好战士"刘英俊；从十余年如一日开展学雷锋志愿服务的张黎明，到矢志不渝传承雷锋精神、被誉为"当代雷锋"的郭明义；从把心血和汗水洒遍千山万水、千家万户的扶贫干部，到新冠疫情防控一线的千千万万志愿者……无数人学雷锋、树新风，在服务社会、助人为乐、爱岗敬业中提升人生境界，彰显了理想信念、爱心善意、责任担当。实践充分证明，雷锋精神体现了中华民族的传统美德，顺应了社会进步的时代潮流，彰显了我们党的先进本色；雷锋精神是一面永不褪色的旗帜，是中华民族的宝贵精神财富，是社会主义核心价值观的生动体现。

附录2　把雷锋精神代代传承下去

习近平总书记指出："雷锋精神，人人可学；奉献爱心，处处可为。积小善为大善，善莫大焉。当有人需要帮助时，大家搭把手、出份力，社会将变得更加美好。"今天，向第二个百年奋斗目标进军的号角已经吹响，我们面临着难得机遇，也面临着严峻挑战。奋斗新时代、奋进新征程，我们要大力弘扬雷锋精神，为实现中华民族伟大复兴提供强大精神动力和丰厚道德滋养。在新时代大力弘扬雷锋精神，就要深刻把握坚守崇高理想、秉持人民情怀、践行奉献精神、投身民族复兴的思想内涵，把崇高的理想信念和道德品质追求融入日常的工作生活，在本职岗位上做一颗永不生锈的螺丝钉，主动承担社会责任，热诚关爱他人，多做扶贫济困、扶弱助残的实事好事，以实际行动书写新时代的雷锋故事，为实现中国梦有一分热发一分光。新时代学雷锋志愿服务，要立足新时代新要求，自觉服务党和国家工作大局，当好推动党的创新理论落地生根的传播者、践行者，在满足人民群众多样化需求中送温暖、献爱心，在践行社会主义核心价值观中树新风、育新人，在推进社会治理现代化中扬正气、促和谐，在推动国家发展和社会文明进步中彰显价值、作出贡献。

习近平总书记强调："让学习雷锋精神在祖国大地蔚然成风"。几十年来，雷锋精神犹如一座巍然矗立的灯塔，不断放射出夺目的光芒，照亮着一代又一代人的心灵。今天，在全面建设社会主义现代化国家新征程上奋勇前进，我们要把雷锋精神广播在祖国大地上，弘扬无私奉献、团结互助的理念，自觉服务社会、服务人民，在全社会形成人人学雷锋、人人做雷锋的生动局面，让雷锋精神在新时代绽放新光芒。

（人民日报评论员，《人民日报》2021年8月16日第1版）

让学习雷锋精神在祖国大地蔚然成风

"我要把有限的生命，投入到无限的为人民服务之中去。"

雷锋，生命的长度只有22个年头；雷锋精神，让这个短暂的生命延展出无限的厚度，激励了一代又一代人成长。

1963年3月，毛泽东同志亲笔题词，发出"向雷锋同志学习"的号召。50多年来，学雷锋活动蓬勃开展、长盛不衰，人民群众热情响应、广泛参与，雷锋精神的光芒愈加耀眼夺目，凝聚起推动民族奋进发展的磅礴力量。

习近平总书记强调，雷锋是时代的楷模，雷锋精神是永恒的。实现中华民族伟大复兴，需要更多时代楷模。我们既要学习雷锋的精神，也要学习雷锋的做法，把崇高理想信念和道德品质追求转化为具体行动，体现在平凡的工作生活中，作出自己应有的贡献，把雷锋精神代代传承下去。

永远的榜样：雷锋

做一颗永不生锈的螺丝钉

2018年9月，习近平总书记在抚顺市雷锋纪念馆参观时指出："如果13亿多中国人、8900多万党员、400多万党组织都能学习雷锋精神，都能在自己的岗位上做一颗永不生锈的螺丝钉，我们的凝聚力、战斗力将无比强大，我们将无往而不胜。"

雷锋，原名雷正兴，1940年出生在湖南望城县（现长沙市望城区）一户贫困的农民家庭。他7岁时成为孤儿，在乡亲们的帮助下活了下来。1949年8月，雷锋的家乡解放了。在党和政府的关怀下，雷锋参加儿童团，进小学读书，还加入了中国共产主义少年先锋队。

1960年1月，雷锋应征入伍。同年11月，他加入了中国共产党。他以甘当"螺丝钉"的精神，干一行、爱一行、钻一行，在平凡的岗位上做出了不平凡的事迹。连队分配他当汽车兵，他努力钻研驾驶技术，成为一名合格的汽车驾驶员。担任班长后，他大胆管理，事事模范带头，带领全班成为部队先进集体。

雷锋热爱集体、关心战友、关心群众，把"毫不利己、专门利人"看成是人生最大的幸福和快乐，并身体力行、认真实践。他把自己省吃俭用积存起来的钱用来帮助受灾群众和家庭困难的战友，并常常利用节假日和休息时间到部队驻地附近为群众做好事。他曾担任校外辅导员，用自己的模范行动影响和激励少年一代健康成长。出差时，他一上火车就为旅客端茶送水，打扫卫生。群众称赞："雷锋出差一千里，好事做了一火车。"

1962年8月15日，雷锋在执行运输任务时不幸殉职，年仅22岁。

雷锋的模范事迹和高尚思想产生巨大影响。1963年3月5日，毛泽东同志题词："向雷锋同志学习"。

"钉子有两个长处：一个是挤劲，一个是钻劲。我们在学习中，也要提倡这种钉子精神，善于挤，善于钻。"

"人的生命是有限的，可是，为人民服务是无限的，我要把有限的生命，投入到无限的'为人民服务'之中去。"

…………

雷锋以实际行动践行着日记里的一字一句。雷锋的一生，没有惊天动地的壮举，却以一件件平凡事、日常事，彰显了高尚的人格，凝聚成伟大的雷锋精神。50多年来，雷锋精神激励着一代又一代人成长。

以雷锋为榜样，做对社会有益的人

随着时代的发展，雷锋精神的内涵不断丰富发展。

位于抚顺的辽宁石油化工大学，是雷锋生前作过报告的高校。20世纪60年代，雷锋牺牲后，该校把雷锋日记和事迹列入语文课和政治课的教学内容；70年代，把学雷锋与学习"铁人"精神相结合；80年代，抵制市场经济下雷锋精神"过时论"等杂音，与时俱进学雷锋；90年代，制作了以本校大学生学雷锋为背景的3集电视剧《捧出火红的太阳》……该校几十年来接续传承雷锋精神的生动实践，正是雷锋精神在华夏大地发扬光大的一个缩影。

张华是改革开放后新一代大学生的杰出代表，他在各个方面严格要求自己，时刻"以雷锋为榜样"。1982年7月，为了抢救落入公厕的老人，他毫不犹豫地下到3米深的粪池内，最终因中毒牺牲，年仅24岁。

张海迪被群众誉为"80年代的新雷锋"。"活着就要做个对社会有益的人"，张海迪以自己的言行，回答了亿万青年非常关心的人生观、价值观问题。5岁时，张海迪因患脊髓血管瘤造成高位截瘫。她虽然没有机会走进校门，却发愤学习。她先后翻译了《海边诊所》等数十万字的英语小说，编著了多部书籍。她学会了针灸等医术，为群众无偿治疗达1万多人次。

雷锋精神在一个个具有时代特征的先进典型和英雄模范身上不断得到传承，给一代代人指明前进的方向、提供奋进的力量。时代发展中涌现出的学雷锋先进人物，和各方面英模人物一起发挥榜样作用，激发出实现中华民族伟大复兴中国梦的强大精神力量。

"00后"兰郡泽是辽宁抚顺市龙兴运输有限公司职工。2019年5月

2日清晨，抚顺市新宾满族自治县南杂木镇一幢7层居民楼突然起火，居民在窗口大声呼救。当时，兰郡泽正在不远处的工地进行外墙施工，听到呼喊，他立即把吊车开过来，在浓烟中操作吊车开始救援。整个救援历时40多分钟，兰郡泽救出14名被困群众。他用实际行动践行和弘扬雷锋精神，被群众亲切地称为"吊车侠"。今年1月，他组建"吊车侠"爱心志愿服务团队，在他的带动下，团队成员从最初的7人增加到58人，迄今已开展10余次公益活动。

今年40岁的王毅，是天津医科大学总医院神经外科副主任医师、硕士生导师。他利用宝贵的业余时间参加志愿服务。天津医科大学有30多年大学生志愿服务的光荣传统，1999年王毅进入该校学习，便主动加入天津医科大学青年志愿者服务队。这些年，王毅和志愿者们的足迹不仅遍布天津市，还赴河北定州市、平山县西柏坡镇、阜平县城南庄镇等革命老区开展志愿服务。尽管辛苦，但王毅说，能用自己的专业特长帮助更多需要帮助的人，有一种发自内心的满足感。"我们青年志愿者把医学常识带给群众，帮助他们解决看病就医中遇到的问题，就是把党对群众的关怀带到基层，带到群众中去。"

在新时代，我们要大力弘扬雷锋精神，不断推进社会主义核心价值体系建设，在全社会形成爱岗敬业、奉献社会、建设国家的良好风尚，激发全民族奋发向上的精神力量。

雷锋精神人人可学，奉献爱心处处可为

习近平总书记在给"郭明义爱心团队"的回信中强调，"让学习雷锋精神在祖国大地蔚然成风。"

人生需要信仰驱动，社会需要共识引领，国家需要价值导航。

近年来，"当代雷锋""道德模范""时代楷模""中国好人""最美人物"在人们身边大量涌现，雷锋精神绽放出璀璨的时代光芒，引领越来越多的人崇德向善、见贤思齐。

"当代雷锋"、北京军区总医院原副政委孙茂芳，多年坚持学雷锋、做好事，无微不至地照顾5名孤寡老人和8名生活困难的老人，他联络各地模范人物，开展"雷锋精神万里行"活动，动员全社会学雷锋；"当代雷锋"、武警新疆总队医院院长庄仕华，扎根边疆、倾情奉献，架起了党同边疆各族人民群众的"连心桥"，他送医送药、扶贫帮困，把雷锋精神传播到天山南北……

随着新媒体技术的发展，学习传承雷锋精神也在网络上流行。让"所有人帮助所有人"，在四川成都市，有一个为需要帮助的人和愿意提供帮助的人牵线搭桥的平台——"雷锋热线"。遇到困难，求助者只需通过雷锋热线全媒体矩阵发布求助信息，工作人员就会根据实际情况，寻找爱心联盟中符合条件的志愿者或爱心组织提供帮助。依托爱心联盟，雷锋热线精准帮扶超过7万名困难群众，影响覆盖上亿人次。

覆盖各行各业、各个领域、各条战线，来自企业、农村、机关、学校、社区、医院等基层单位，在抗击新冠疫情和决战脱贫攻坚中作出突出贡献的先进模范，都是弘扬雷锋精神、建功伟大时代的优秀代表，都是社会主义核心价值观的模范践行者。

在抗击疫情的战场上，无数志愿者尽己所能奉献光和热。其中，既有来自全国驰援湖北和武汉的医护志愿者，也有默默无闻投入疫情防控的基层志愿者。他们的无私奉献，为打赢疫情防控的人民战争、总体战、阻击战作出了重大贡献。

据不完全统计，疫情防控期间，全国驰援湖北和武汉的医护志愿者超过3万人，主要来自呼吸、感染、重症等专业。仅武汉市，就有1.1万名来自全国各地的重症专业医务人员参与救治工作，占比接近全国重症医务人员的10%。2020年1月20日至4月6日，全国各地开展疫情防控志愿服务项目多达17.7万个，参与疫情防控的注册志愿者达361万人。除了注册志愿者，还有很多自发参与抗疫的无名英雄，他们向邻居伸出援手，在街道助人为乐，形成了人人为我、我为人人的良好社会风尚。

雷锋精神，人人可学；奉献爱心，处处可为。传承弘扬雷锋精神，从自己做起、从身边做起。每个人做成一件事、干好一件工作，党和国家事业就能向前推进一步；每个人出一份力，就能汇聚成排山倒海的磅礴力量。

（人民日报记者刘阳，《人民日报》2021年8月16日第6版）

雷锋精神是忠实传承党的初心使命的精神高地

中国共产党走过百年的光辉历程，同时也是党的伟大精神的发展历程，形成了以伟大建党精神为源头的中国共产党人精神谱系，雷锋精神就是中国共产党人精神谱系的时代成果。在全面贯彻落实党的二十大精神的开局之年，迎来了毛泽东等老一辈革命家为雷锋同志题词60周年。习近平总书记近日作出重要指示强调，"无论时代如何变迁，雷锋精神永不过时。"新征程上学雷锋，就是要从弘扬伟大建党精神的高度领悟雷锋精神，牢牢把握党的初心使命这一贯通中国共产党人精神谱系之中的精神品质，深刻把握雷锋精神的时代内涵，让雷锋精神在新时代绽放更加璀璨的光芒。

附录2　雷锋精神是忠实传承党的初心使命的精神高地

一、雷锋精神是以伟大建党精神为源头的中国共产党人精神谱系的时代成果

中国共产党是马克思主义政党，一经诞生就把为中国人民谋幸福、为中华民族谋复兴确立为自己的初心使命。党的性质和宗旨决定了中国共产党人必须始终保持崇高的理想信念、无畏的牺牲精神、不懈的奋斗动力。中国共产党的先驱们创建了中国共产党，形成了坚持真理、坚守理想，践行初心、担当使命，不怕牺牲、英勇斗争，对党忠诚、不负人民的伟大建党精神，这是中国共产党的精神之源。党在内忧外患中诞生、在历经磨难中成长、在攻坚克难中壮大，要打败强大敌人、走过艰险路程、战胜严峻挑战，必须始终保持强大的精神力量、坚韧的斗争意志。在100多年的非凡奋斗历程中，一代又一代中国共产党人顽强拼搏、不懈奋斗，涌现了一大批视死如归的革命烈士、一大批顽强奋斗的英雄人物、一大批忘我奉献的先进模范，形成了一系列伟大精神，构建起了以伟大建党精神为源头的中国共产党人精神谱系，保证了我们党历经百年而风华正茂、饱经磨难而生生不息。习近平总书记深刻指出："这些宝贵精神财富跨越时空、历久弥新，集中体现了党的坚定信念、根本宗旨、优良作风，凝聚着中国共产党人艰苦奋斗、牺牲奉献、开拓进取的伟大品格，深深融入我们党、国家、民族、人民的血脉之中，为我们立党兴党强党提供了丰厚

滋养。"

雷锋精神是在伟大建党精神的哺育下、在中国共产党人系列伟大精神的感召下形成的，同时因其伟大共产主义战士的高尚境界和独特贡献，成为中国共产党人精神谱系的重要组成部分。雷锋精神是在社会主义革命和建设时期产生的伟大精神，展现的是新中国朝气蓬勃、蒸蒸日上的精神风貌，是广大人民站起来了的主人翁精神。雷锋精神是从基层劳动者、普通党员中产生的伟大精神，平凡的人生蕴含着高尚的精神。雷锋精神是人民军队在和平年代产生的伟大精神，同样彰显了人民子弟兵本色。

雷锋精神，就是在雷锋一生的模范行为中，表现出来的热爱党、热爱祖国、热爱社会主义的崇高理想和坚定信念，服务人民、助人为乐的奉献精神，干一行爱一行、专一行精一行的敬业精神，锐意进取、自强不息的创新精神，艰苦奋斗、勤俭节约的创业精神。2013年3月6日，习近平总书记在参加十二届全国人大一次会议辽宁代表团审议时指出："雷锋、郭明义、罗阳身上所具有的信念的能量、大爱的胸怀、忘我的精神、进取的锐气，正是我们民族精神的最好写照"。

二、雷锋精神树立了践行党的初心使命的光辉典范

党的二十大报告提出，弘扬以伟大建党精神为源头的中国共产党

附录2 雷锋精神是忠实传承党的初心使命的精神高地

人精神谱系。这是新时代新征程广泛践行社会主义核心价值观的内在要求,是建设长期执政的马克思主义政党的必然要求。以伟大建党精神为源头的中国共产党人精神谱系,根深枝壮、叶茂果盛,包含着十分丰富的精神品格,不忘初心、牢记使命是贯穿党的伟大精神所有成果中的一条红线。

始终不忘初心、牢记使命,是一代代中国共产党人的神圣职责和每一名共产党员的终身追求,是激励广大党员不断前进的根本动力。雷锋精神之所以能够成为中国共产党人精神谱系的伟大精神,之所以能够历经60年仍然在广大党员和群众中成为景仰的对象,是由于雷锋精神树立了践行党的初心使命的光辉典范。60年来,学雷锋活动在全国持续深入开展,雷锋的名字家喻户晓,雷锋的事迹深入人心,雷锋精神滋养着一代代中华儿女的心灵。党员学雷锋,心中装的是理想,脑里想的是人民;群众学雷锋,为国家的建设添砖加瓦,让有限的人生创造美好。

雷锋经历了新旧社会两重天的鲜明对比,翻身解放、当家作主,从心底里对党、祖国、社会主义无比热爱。无论是入党前还是入党后,党的理想追求就是他的信仰信念,党的初心使命就是他的人生目标。雷锋在入伍那天的日记里写道:"听党的话,服从命令听指挥。党指向那里,我就冲向那里。""学习雷锋好榜样,忠于革命忠于党",唱出了学雷锋的根本要求。正如60年前邓小平同志为雷锋题词所言,"谁愿当一个真正的共产主义者,就应该向雷锋同志的品德和风格学习。"

雷锋是全心全意为人民服务的楷模,把有限的生命投入到无限的为人民服务之中去。1944年,毛泽东写下了《为人民服务》,悼念张思德同志,号召学习张思德精神。1963年,毛泽东又写下了"向雷锋同志学习"的题词。雷锋精神就是张思德精神在社会主义时期的传承和发扬。

雷锋在新中国成立后,当过记工员、通讯员、拖拉机手、推土机手、汽车兵等,他把报效国家、为民服务的理想信念,与精益求精、尽职尽责地做好每项本职工作紧密地融合在一起,把爱岗敬业作为践行党的初心使命的基本途径,"甘于做一颗永不生锈的螺丝钉"。雷锋走到哪里都留下了闪光的脚印,被评为工作模范、节约标兵、红旗手、模范共青团员等,被誉为"毛主席的好战士"。雷锋精神不仅写在了《雷锋日记》之中,更是写在了雷锋事迹之中,是言行一致、知行合一、行胜于言的典范。

雷锋的一生是有志者的一生,是奋斗者的一生,他心中始终有着如火热情和澎湃激情,唯有如此,才能尽其所能、永不懈怠地为党、国家和人民作出更大贡献,才能实现美好理想和人生价值。16岁那年,雷锋的发言被班主任夏柳写在笔记本上:"我响应党的号召……决心做个好农民,驾起拖拉机耕耘祖国大地;将来,如果祖国需要,我就去做个好工人建设祖国；将来，如果祖国需要，我就去参军做个好战士，拿起枪用生命和鲜血保卫祖国，做人类英雄。"

雷锋是以对人民群众的大爱之心，竭尽己力，关心和帮助他人，并以此为最大幸福。当学校辅导员，他积极参与思想政治教育工作。在社会上，他主动献爱心、送温暖、助他人，"雷锋出差一千里，好事做了一火车"。

三、雷锋精神是始终牢记初心使命、始终赢得人民拥护的强大精神力量

全面建设社会主义现代化国家、全面推进中华民族伟大复兴，关键在党。我们党作为世界上最大的马克思主义执政党，要始终赢得人民拥护、巩固长期执政地位，必须时刻保持解决大党独有难题的清醒和坚定。在新征程上更好弘扬雷锋精神，要求更好发挥党员、干部模范带头作用。对于广大党员干部来说，就是要将雷锋精神作为破解大党独有难题，始终不忘初心、牢记使命的精神动力，像雷锋那样忠实传承、全力践行党的初心使命。通过党员、干部的身体力行、率先垂范，让学雷锋在人民群众特别是青少年中蔚然成风，让学雷锋活动融入日常、化作经常。全党始终不忘初心、牢记使命，才能在全社会和全体人民中形成强大的感召力动员力，带领人民以中国式现代化全面

推进中华民族伟大复兴，凝聚起用新的伟大奋斗创造新的伟业的强大力量。

如何始终不忘初心、牢记使命，是在大党面对的独有难题中，首先要解决的难题。这是永远保持党同人民群众的血肉联系，团结带领全国各族人民不断为美好生活而奋斗、实现新时代新征程党的使命任务必须迈过的一道坎。如何始终不忘初心、牢记使命这个大党独有难题，表现在许多方面，集中起来就是党在长期执政条件下怎样经受"四大考验"、克服"四种危险"。习近平总书记在二十届中央纪委二次全会上的重要讲话中，将如何始终不忘初心、牢记使命作为大党独有难题加以破解，总结经验、揭示规律，为全党永远坚持为中国人民谋幸福、为中华民族谋复兴指明了方向。新征程上深入开展学雷锋活动，对于全党始终不忘初心、牢记使命，将起到有力和有效的促进作用。认真贯彻落实习近平总书记对深入开展学雷锋活动的重要指示精神，必将在全党更加坚定人民至上的根本立场，始终牢记江山就是人民、人民就是江山，进一步强化党的最大政治优势。

不忘初心，方得始终。慎终如始，则无败事。在社会思潮繁杂、价值观念冲突、信息渠道多样、意识形态领域斗争激烈的环境中，确保9600多万名的党员队伍保持先进性纯洁性，需要作出艰苦努力，不可能一劳永逸、一蹴而就。雷锋精神在新时代新征程显得弥足珍贵，传承雷锋精神显得格外重要。学习雷锋坚守初心使命，能够为广大党

附录2 雷锋精神是忠实传承党的初心使命的精神高地

员干部经受"四大考验"、克服"四种危险",提供丰厚精神营养和强大精神激励。

学习雷锋坚守初心使命,要做到经受执政考验,为人民执政、靠人民执政,防止以权谋私;经受改革开放考验,抵制拜金主义、享乐主义、消费至上、理想虚无的腐朽因素带来的消极影响,遏制奢靡之风;经受市场经济考验,决不把市场交易规则运用于权力运用过程,抵御利益诱惑;经受外部环境考验,敢于斗争、敢于亮剑,挺起脊梁骨。

学习雷锋坚守初心使命,要克服精神懈怠危险,保持不懈奋斗精神。信仰信念需要一代代共产党人接续坚守,需要每一名共产党员一生坚守。中国式现代化是前无古人的开创性事业,习近平总书记在学习贯彻党的二十大精神研讨班开班式上的重要讲话指出:"要加强能力提升,让领导干部特别是年轻干部经受严格的思想淬炼、政治历练、实践锻炼、专业训练"。赢得人民信任,得到人民支持,我们就能够克服任何困难,就能够无往而不胜。反之,我们将一事无成,甚至走向衰败。要克服消极腐败危险,坚守党的性质宗旨。反腐败是最彻底的自我革命。党的十八大以来,反腐败斗争取得压倒性胜利并全面巩固,充分彰显了党推进自我革命的决心和意志。全面从严治党是新时代党的自我革命的伟大实践,也是确保党始终不忘初心、牢记使命的伟大实践。

★ 永远的榜样：雷锋

　　党的二十大明确了新时代新征程党的中心任务，实现第二个百年奋斗目标的每一步进展、每一项成就，都是践行党的初心使命的实际行动。深入学习雷锋、弘扬雷锋精神，党和人民想在一起、干在一起，同心协力奋进新征程、实现新目标，走好新的赶考之路。

（颜晓峰，《人民日报》2023年3月5日第14版）

参考文献

1. 陈步君：《学习雷锋好榜样》，少年儿童出版社1978年版。

2. 陈广生：《雷锋的故事》，解放军文艺出版社1963年版。

3. 陈广生：《雷锋小传》，中国青年出版社1981年版。

4. 陈广生：《雷锋传》，解放军出版社1983年版。

5. 陈广生：《雷锋的故事》，解放军文艺出版社1989年版。

6. 陈广生、崔家骏：《雷锋的故事》，解放军文艺出版社1990年版。

7. 陈广生：《雷锋小传》，中国青年出版社1991年版。

8. 陈广生：《雷锋》，河北人民出版社1997年版。

9. 陈广生：《雷锋在我心中》，上海大学出版社2002年版。

10. 陈广生、朱亚南：《我们的雷锋》，解放军文艺出版社2008年版。

11. 戴明章：《走进雷锋》，解放军文艺出版社2003年版。

12. 方人：《共产主义战士：雷锋》，长征出版社1989年版。

13. 方文：《美好的青春属于谁——和青年朋友谈学雷锋》，中国青年出版社1978年版。

14. 共青团吉林省委宣传部：《千万个雷锋在成长》，吉林人民出版社1978年版。

15. 华东方：《雷锋日记背后的故事》，北方文艺出版社2013年版。

16. 湖南雷锋纪念馆：《光辉的榜样——雷锋》，湖南少年儿童出版社1990年版。

17. 《看〈雷锋〉学雷锋》，中国电影出版社1965年版。

18. 《劳动人民的好儿子雷锋》，中国少年儿童出版社1963年版。

19. 《雷锋少年时代的故事》，湖南人民出版社1978年版。

20. 《雷锋日记诗文选（1958—1962）》，北京战士出版社1982年版。

21. 《雷锋日记选（1959—1962）》，解放军文艺出版社1989年版。

22. 《雷锋全集》，华文出版社2003年版。

23. 《雷锋语录》，中央编译出版社2012年版。

24. 《雷锋日记》，远方出版社2012年版。

参考文献

25. 冷洋：《做雷锋式员工》，中国经济出版社2008年版。

26. 李平：《论雷锋精神与社会主义核心价值观》，中国财政经济出版社2014年版。

27. 李秀康：《雷锋人生哲学漫谈》，海潮出版社1990年版。

28. 刘高平：《雷锋：一个小兵与一个大国》，红旗出版社2012年版。

29. 路滔：《像雷锋那样做人：写给青年朋友的信》，解放军出版社1991年版。

30. 《毛主席的好战士：雷锋》，中国青年出版社1963年版。

31. 沈阳部队政治部话剧团：《雷锋：六幕话剧》，文学出版社1977年版。

32. 师永刚、刘琼雄：《雷锋：1940-1962》，生活·读书·新知三联书店2012年版。

33. 《时代之魂：雷锋 王进喜 焦裕禄事迹选编》，广西人民出版社1990年版。

34. 陶克、王跃生：《中国雷锋现象：共和国精神文明的昨天、今天和明天》，中国青年出版社1992年版。

35. 陶克、王跃生：《雷锋现象》，解放军文艺出版社2003年版。

36. 陶克：《告诉你一个真实的雷锋》，陕西人民出版社2013年版。

37. 王军、石天庆：《学雷锋优秀志愿兵——丁宝良》，中国青年出版社1990年版。

38. 王兴东：《离开雷锋的日子》，解放军文艺出版社1997年版。

39. 《学习雷锋好榜样》，解放军出版社、长城出版社1990年版。

40. 《学习雷锋好榜样歌曲选》，湖南文艺出版社1990年版。

41. 张仲国、聂鑫：《雷锋精神与志愿者行动》，中国财政经济出版社2013年版。

42. 中国人民革命军事博物馆：《向雷锋同志学习》，文物出版社1963年版。

43. 中国人民大学：《雷锋精神与当代大学生》，长征出版社1990年版。

44. 中共辽宁省委宣传部组：《今天你奉献了吗：当代雷锋郭明义微博选摘》，辽宁人民出版社2012年版。

45. 庄仕华：《当代雷锋》，中共中央宣传部宣传教育局，解放军总政治部宣传部，武警部队政治部，人民出版社2014年版。

46. 解放军总政治部：《雷锋日记选》，解放军文艺出版社1989年版。

47. 解放军总政治部办公厅研室：《雷锋传略》，解放军出版社2012年版。